जिन्दगी की पिच पर

विजय चितले

जन्म : 19 नवम्बर, 1942, इन्दौर।

शिक्षा : एम.ए. अंग्रेजी साहित्य, संगीत कोविद (एम.ए. म्यूजिक)।

व्यवसाय : शासकीय सेवा

1962-1966 : व्याख्याता अंग्रेजी-शासकीय महाविद्यालय, धार, म.प्र.।

1962 : छावनी अधिकारी शिलांग Cantonment (रक्षा मंत्रालय)।

1962-2002 : भारतीय डाक सेवा (वर्ग एक), संचार मंत्रालय।

इस सेवा में महाराष्ट्र, गुजरात, मध्यप्रदेश, बिहार, दिल्ली और मेघालय में विविध पदों पर काम और नवम्बर 2002 में अहमदाबाद से मुख्य पोस्टमास्टर जनरल, गुजरात सर्किल से सेवानिवृत्ति।

सम्प्रति : इन्दौर में स्थायी निवास।

अन्य : इंग्लैंड में प्रबन्धन प्रशिक्षण (1981); आकाशवाणी मुम्बई के सुगम संगीत कलाकार (1975-78); मराठी, हिन्दी और अंग्रेजी में (पत्रिकाओं में) लेखन; एक मराठी पुस्तक 'वेल डन गेला' (समय अच्छा बीता) प्रकाशित, एक अन्य मराठी रचना 'विनोदी प्रवासी' (Humorous Traveller) प्रकाशनाधीन।

आवरण : अनूप कुमार चन्द

जन्म : 20 मई, 1973, भोगरई, बालासोर (उड़ीसा)। उत्कल विश्वविद्यालय (उड़ीसा) और इन्दिरा कला संगीत विश्वविद्यालय से अध्ययन। 'फोक पेंटिंग्स ऑफ कोस्टल उड़ीसा' विषय पर शोध। उड़ीसा ललित कला अकादमी, यू.जी.सी. तथा संस्कृति विभाग, सरकार से शोध वृत्ति। विभिन्न कलादीर्घाओं और संस्थाओं की ओर से सम्मानित तथा देश के अनेक नगरों की प्रतिष्ठित दीर्घाओं में एकल व सामूहिक प्रदर्शनियाँ। भारत तथा विदेशों के कई निजी व संस्थागत संग्रहालयों में काम संगृहीत।

विजय चितले

जिन्दगी की पिच पर

राधाकृष्ण पेपरबैक्स

राधाकृष्ण पेपरबैक्स में
पहला संस्करण : 2013

राधाकृष्ण पेपरबैक्स : उत्कृष्ट साहित्य के जनसुलभ संस्करण

राधाकृष्ण प्रकाशन प्राइवेट लिमिटेड
7/31, अंसारी मार्ग, दरियागंज
नई दिल्ली-110 002
द्वारा प्रकाशित

शाखाएँ : अशोक राजपथ, साइंस कॉलेज के सामने, पटना-800 006
पहली मंजिल, दरबारी बिल्डिंग, महात्मा गांधी मार्ग, इलाहाबाद-211 001

वेबसाइट : www.radhakrishanprakashan.com
ई-मेल : info@radhakrishanprakashan.com

बी.के. ऑफसेट
नवीन शाहदरा, दिल्ली-110 032
द्वारा मुद्रित

मूल्य : ₹ 95

आवरण : अनूप कुमार चन्द

JINDAGI KI PICH PAR
by Vijay Chitale

ISBN : 978-81-8361-572-3

प्रस्तावना

मैंने 1963 से लेकर 2002 तक सरकारी नौकरी की। पहले चार साल मैं कॉलेज में अंग्रेजी का व्याख्याता रहा, बाद में एक साल मैं रक्षा मंत्रालय के मिलीटरी लैंड्स और कॅन्टोन्मेंट सेवा में, शिलांग में छावनी कार्यपालक अधिकारी (C.E.O.) रहा और उसके बाद 1968 से 2002 तक मैंने संचार मंत्रालय के डाक विभाग में विभिन्न क्लास वन पदों पर काम किया और अन्ततः नवम्बर 2002 में मैं गुजरात डाक सर्किल का मुख्य पोस्टमास्टर जनरल इस पद से सेवानिवृत्त हुआ। इस लम्बी-सी नौकरी के दौरान समय-समय पर मैं विभिन्न प्रशिक्षण संस्थाओं में विविध प्रशिक्षण कोर्सेज के लिए गया तथा कतिपय कॉन्फ्रेंसेज, सेमीनार्स आदि में भी हिस्सा लिया। 1981 में मुझे संयुक्त राष्ट्र संघ की फैलोशिप मिली और मैंने 'ट्रेनिंग ऑफ ट्रेनर्स' नामक कोर्स इंग्लैण्ड में किया। इन विभिन्न प्रशिक्षणों में कई तरह की प्रबन्धन सम्बन्धी जानकारी हमें दी गई जिसका इस्तेमाल मैंने अपना कार्य करते वक्त किया। लेकिन मुझे हमेशा ऐसा लगता रहा कि यदि ये सब जानकारी हमें कुछ पहले यानी नौकरी में आने की तैयारी के स्वरूप में मिलती तो ज्यादा अच्छा होता। कुछ गलतियाँ जो मुझसे हुईं, वो ना होतीं। लेकिन हमारे जमाने में

यानी 1950-1960 के दशक में विद्यार्थियों का सारा ध्यान सिर्फ उस विषय पर केन्द्रित करने का रिवाज था जिसमें आप एम.ए., एम.एस.-सी. या एम.कॉम. आदि कर रहे हों। 'जनरल अवेयरनेस', या मानव-संसाधन सम्बन्धी पाठ नहीं के बराबर होते थे और ये सब बातें नौकरी के दौरान इन–सर्विस ट्रेनिंग में ही शनैः-शनैः मिलती थीं। मेरा ये मानना है कि यदि कुछ विषय जैसे–निर्णय लेना, सन्देश-वाहन, प्रेरणा, संघर्ष का हल, उत्पादक कार्य, समय का प्रबन्धन यानी Decision making, Communication, Motivation, Conflict Resolution, Productive work, Time Management यदि विद्यार्थी को स्नातक स्तर या स्नातकोत्तर स्तर की पढ़ाई के साथ-साथ ही पढ़ाए जाएँ या इनकी कम-से-कम बुनियादी जानकारी ही दी जाए तो स्नातकोत्तर परीक्षा पास करते-करते वो विद्यार्थी काफी हद तक मैच्योर यानी परिपक्व बुद्धि का होकर विश्वविद्यालय के बाहर ज्यादा आत्मविश्वास से कदम रख सकता है। एक तरह से ये समझ लो कि उसके कैरियर, नौकरी या व्यवसाय की उड़ान शुरू होने के पहले ही–फ्लाईट 'टेक ऑफ' करने के पहले ही–डिपार्चर लाऊंज में ही उसे ये जानकारी मिल जाए तो उसके लिए कितना फायदेमन्द होगा।

इसी उद्‌देश्य से मैंने ये छोटी-सी पुस्तक लिखने का प्रयास किया है। मुझे मालूम है सिर्फ सैद्धान्तिक जानकारी और वो भी बड़े-बड़े तकनीकी शब्दों में–full of jargon–यदि दी जाए तो पाठक को (जैसे मुझे) नींद आने लगती है और मुझे यह पुस्तक निद्रानाश यानी इन्सोम्निया के मरीजों को खुराक के रूप में नहीं लिखनी थी! इसलिए मैंने इस पुस्तक में हर विषय को सरलतम भाषा में, कई बार कहानी के रूप में, समझाने की कोशिश की है और आखिरी अध्याय में

'प्रबन्धन' विषय का सारांश दिया है। इस पुस्तक के हरेक अध्याय में एक केन्द्रीय विचार (central idea) है और पूरी तरह पुस्तक का सिर्फ एक ही मकसद है–पढ़ाई के बाद कैरियर का सफर ऐसा हो जिसमें मानसिक, बौद्धिक, आत्मिक परिपक्वता हो, अपने काम के प्रति श्रद्धा हो, काम में आनन्द हो, एक-दूसरे से सुसंवाद रहे, अपने कौटुम्बिक, सामाजिक, शासकीय, नौकरी-व्यवसाय सम्बन्धी सभी मामले सुलझाने में बुलन्द आत्मविश्वास हो, और खुदा न खास्ता यदि औदासिन्य, डिप्रेशन, असफलता की छाया पड़ जाए तो उससे जल्द-से-जल्द उभर आने की क्षमता हो, ज्ञान हो!

अंग्रेजी में एक कहावत है–It is not so much your aptitude, but your attitude that decides your altitude, यानी आपकी काबिलियत या आपका ज्ञान और कौशल (Knowledge and skill, talent or ability) से कई गुना ज्यादा महत्त्व की है आपकी मानसिकता, सही दृष्टिकोण, मनोवृत्ति जो आपको कामयाबी की सर्वोत्तम ऊँचाई तक ले जा सकती है। इस पुस्तक का पूरा जोर (all cmphasis) इसी बात पर है। जो कुछ इसमें है वो युवा वर्ग को ध्यान में रखकर लिखा है–उनकी समस्याओं को 'फोकस' में रखकर! यह पुस्तक पढ़ने के बाद यदि मुझे उनकी प्रतिक्रियाएँ मिलीं, उनके विचार और उनके आधुनिक दृष्टिकोण से अवगत होने का मौका मिला तो इस 68 साल की उम्र में भी इन युवाओं से पिछली पीढ़ी का होते हुए भी मुझे काफी कुछ सीखने को मिलेगा। मैं मानता हूँ कि युवा होने का (मानसिक रूप से) मतलब ही यह है कि जिन्दगी के आखिरी क्षण तक कुछ नया ज्ञान, कुछ नया अनुभव अपने में ग्रहण करने की इच्छा, जिज्ञासा और लगन हो, जो I am happy to say, मुझमें अभी भी है!

मेरी मातृ-भाषा मराठी है। जिस सफाई से मैं मराठी या अंग्रेजी लिख पाता हूँ, वो सफाई, वो flow शायद हिन्दी में नहीं आ पाता। इसलिए अभिव्यक्ति में जो कुछ गलतियाँ हैं, कमियाँ हैं उसके लिए पाठक मुझे क्षमा करेंगे। इस पुस्तक में कई प्रबन्धन के पंडितों के नाम आए हैं, उनकी रचनाओं का उल्लेख है। इंटरनेट पर आप काफी विस्तृत जानकारी इनके बारे में पा सकते हैं। यह पुस्तक तो 'किंडरगार्टन' स्तर की है, पर और ज्यादा जानकारी हासिल करने के लिए युवा पाठक को जरूर प्रेरित करेगी, ऐसी मुझे आशा है। उन्हें ये प्रेरणा मिले, इसी शुभकामना के साथ...

उनके कैरियर की, व्यवसाय की 'यात्रा' शुभ हो–*Bon Voyage & Fare Forward!*

–विजय चितले

नोट : इस पुस्तक के कतिपय लेख 'नई दुनिया', इन्दौर के रविवारीय परिशिष्ट में समय-समय पर आए और पाठकों को बड़े अच्छे लगे। यह बात इस पुस्तक का प्रेरणा स्रोत है। इस प्रोत्साहन के लिए मैं 'नई दुनिया' का आभारी हूँ।

अनुक्रम

जिन्दगी की पिच पर

(त + म + ध) न = ?

''आजोबा! (यानी दादाजी/नानाजी), ये क्या अजीब-सा गणित आप कर रहे हो?''—अदिती ने पूछा। मैं ऐसे ही अपनी डायरी में कुछ लिख रहा था, और अदिती मेरे पीछे कब आकर खड़ी हो गई, पता ही नहीं चला।

''ये एक नया 'अलजिब्रा' टाईप—बीजगणित टाईप 'इक्वेशन' है जो मैं बनाने की कोशिश में हूँ—ऐसे ही टाइम-पास के लिए।''—मैंने मुस्कुराकर उसे कहा।

''मुझे समझाओ ना।''—अदिती बोली।

मैंने कहा—''समझाऊँगा। वो प्रश्न-चिन्ह हम बाद में देखेंगे। पहले तू '(त + म + ध) न' इसका मतलब तो बता? थोड़ा-बहुत बीजगणित तो तू भी स्कूल में सीखी है!''

''सिम्पल है, आजोबा! ये 'ब्रेकेट' निकाल दो और इसे सरल करो, सिम्प्लीफाई करो तो ये होगा 'तन + मन + धन', क्योंकि 'त', 'म', 'ध' तीनों के लिए 'न' से गुणा कॉमन है।''—अदिती बोली।

''शाबास!''—मैंने कहा। ''चलो, अब उस प्रश्न-चिह्न की ओर जाते हैं। तन, मन, धन लगाना यानी क्या होता है?''

''खूब 'लगन' से काम करना, और क्या?''—अदिती ने बिलकुल सही जवाब दिया। तन + मन + धन = लगन ही तो है।

"वाह! क्या बात है।"—मैंने उसकी तारीफ करते हुए उसकी पीठ थपथपाई।

"आजोबा! ये तो ठीक है पर एक सरल-सा उदाहरण देकर समझाओ ना, प्लीज!"

"ओ के! देख तेरी पढ़ाई का ही उदाहरण लेते हैं। तुझे परीक्षा में अव्वल आना है ना?"—मैंने पूछा। अदिती ने सिर हिलाकर 'हाँ' कहा, और ध्यान से मुझे सुनने लगी।

मैंने उसे समझाया—"अव्वल आने के लिए भी ये फॉर्मूला जरूरी है। खाने-पीने पर ध्यान दो, रोज थोड़ा खेलो-कूदो, कसरत करो, सफाई पर ध्यान दो, तो तन यानी शरीर अच्छा रहेगा। दुबले या बीमार रहोगे तो पढ़ाई कैसे करोगे? दूसरा—मन में एकाग्रता हो तो ही पढ़ाई अच्छी होती है, जो पढ़ाया जाता है वो समझ में आता है। टी.वी. देखते हुए, गैलरी में बैठे बाहर नजर हो तो, कान में 'आयपॉड' डाले कभी अच्छी पढ़ाई हो ही नहीं सकती। पढ़ाई के वक्त न कोई दोस्त इर्दगिर्द, न हाथ में चॉकलेट या वेफर्स, न कोई फिल्मी गानों का शोर—ये सब व्यवधान हैं, एकाग्रता में, समझी?"

"पर अजोबा! मैं धन कहाँ से लाऊँगी? तन और मन तो ठीक है!"—अदिती ने चालाकी से पूछा। मुझे उसका सवाल अच्छा लगा।

मैंने कहा—"डोन्ट वरी अबाऊट दैट! उसकी फिक्र मत करो। वो मेरी और तुम्हारे डैडी की जिम्मेदारी है। पर फिर भी तुझे जो 'पॉकेटमनी' मिलती है उसका इस्तेमाल तू अच्छे तरीके से कर सकती है—जैसे, थोड़े-थोड़े पैसे बचाकर कोई जनरल नॉलेज की पुस्तक या सी.डी. लेना या फिर किसी ज्ञानवर्धक विषय की अच्छी डिक्शनरी, छोटा-सा केल्क्युलेटर बगैरा-बगैरा खरीदना। कई बातें हैं जिनमें तुम्हारा 'धन' तुम सदुपयोग में लगा सकती हो!"

"बहुत अच्छा समझाया। थैंक्स!"—अदिती खुश होकर बोली। "सच, लगन का ये फॉर्मूला बड़ा मज़ेदार है—'तन + मन + धन = लगन।'

मैं इसमें और एक चीज मिलाती हूँ। 'तन + मन + धन = लगन = कामयाबी यानी सक्सेस!' "

अदिती की समझदारी से मुझे बड़ा सन्तोष हुआ। जाते-जाते अदिती बोली–"मुझे तो 'तन, मन, धन' का एक भजन भी आता है। स्कूल में सिखाया है।" और वो गुनगुनाने लगी–

"तन, मन, धन से करो गुरु सेवा
हरि समान है, सद्गुरु देवा!"...

"गॉड ब्लेस यू!"–मैंने अपनी पोती को आशीर्वाद दिया।

चलते-चलते : *अदिती अभी बहुत छोटी है। यदि वो जुनियर कॉलेज में भी पढ़नेवाली लड़की होती तो मैं उसे पारिभाषिक शब्दों में समझाता–"हमारा जीवन यानी आजीवन प्रबन्धन है–From cradle to grave it is management! Mostly by us, sometimes by others. इसमें हमें मानव संसाधन और अन्य साधनों का बहुत अच्छा इस्तेमाल करना पड़ता है। तुम्हारा तन और मन यानी मानव संसाधन (Human Resource) और तुम्हारी पॉकेटमनी, तुम्हारा धन यानी मैटिरियल का वित्तीय संसाधन, समझी?"*

जिन्दगी को केक बनाओ

पिछले कुछ दिनों से सोनिया उदास-सी दिख रही थी। अपनी युवा पुत्री की ये हालत उसकी माँ की नजर से कैसे छिपती?

"क्या बात है बेटी?"—माँ ने पूछा।

"कुछ नहीं, कुछ नहीं।"—सोनिया ने मुश्किल से आँसू रोकते हुए कहा।

"मुझसे क्या छिपाना। सच बता! मन हल्का हो जाएगा।"—माँ ने समझाते हुए कहा।

"माँ! ऐसा लगता है, भगवान मुझसे नाराज हैं। मेडिकल में वेटिंग लिस्ट में मैं नम्बर वन थी, फिर भी सिलेक्शन नहीं हुआ। ऐसा कभी हुआ है कि एक भी सिलेक्टेड कंडिडेट कहीं और न गया हो? पिछले साल 15 वेटिंग लिस्ट वाले अन्ततः प्रवेश पा सके।"

"दुखी मत हो बेटी। दिस इज नॉट द एंड ऑफ एवरीथिंग। हम और कोई अच्छा कोर्स करेंगे। लाइफ में कितने सारे ओपनिंग्ज हैं। तू बुद्धिमान है, होशियार है, लगनशील है, तुझमें एकाग्रता है, महत्त्वाकांक्षा है। सब कुछ ठीक हो जाएगा। मेरी बात सुन, तू किसी भी क्षेत्र में जा, देअर इज ऑलवेज रूम एँट द टॉप।"—माँ ने अपनी लाडली तो सांत्वना देते हुए कहा। "चल, आज तेरा बर्थ-डे है, हम मिलकर बढ़िया केक बनाते हैं।" यह कहकर माँ सोनिया को दुलार के साथ किचन में ले गई।

किचन में सोनिया मम्मी की मदद में लग गई। केक बनाने के लिए सारी सामग्री उसने जुटा ली और टेबल पर रख ली।

माँ उससे बोली—"सोनिया, ये दो कच्चे अंडे तू ऐसे-के-ऐसे खाएगी?" हँसकर सोनिया बोली—"आर यू किडिंग, मम्मी?" माँ बोली—"मुझे मालूम है, तू नहीं खाएगी, न तू ये घी पी सकेगी, न ये मैदा कच्चा खा सकेगी। और शक्कर सिर्फ, शक्कर-ही-शक्कर कौन खा सकेगा? बेटी, ये सब चीजें कच्चा माल—रॉ मैटिरियल है। और कोई भी सिर्फ कच्चे माल पर 'सेटल' नहीं होता, सन्तुष्ट नहीं होता। हम सब इस कच्चे माल से कुछ बनाते हैं—जैसे टेबल पर रखी ये चीजें मिक्स करके, पका के, रेसिपी के निर्देशानुसार—हम इसकी जायकेदार, लज्जतदार केक बनाएँगे तब तसल्ली होगी, मजा आएगा।"

सोनिया माँ की तरफ कुतूहल से देखने लगी। होशियार तो वह थी ही। माँ क्या कहना चाहती है वह तत्काल भाँप गई। माँ ने दोहराते हुए कहा—"बेटी! हमारा जीवन भी ऐसा ही है। ईश्वर ने तुझे इतना सारा कच्चा माल दिया है—लगन, बुद्धि, महत्त्वाकांक्षा, एकाग्रता आदि। तू इन सबकी अच्छी रेसिपी से अपने जीवन के लिए सुख, चैन, शान्ति, समाधान की 'केक' बना सकती हो। सिर्फ मेडिकल में प्रवेश नहीं मिला इसलिए खुद को डिप्रेशन की 'पेशन्ट' मत बना। बी चिअरफुल! मेक योर लाइफ ए पीस ऑफ केक! हैव ए ग्रेट डे!!"

उस जन्मदिन पर सोनिया ने अपनी माँ से मैच्योरिटी और रियल हैपीनेस—परिपक्वता और सच्चा सुख—का जो व्यंजन सीखा वो उसके लिए सच्चा बर्थ-डे प्रेजेंट साबित हुआ। उसके बाद उसने जिन्दगी में कभी पीछे मुड़कर नहीं देखा। क्योंकि वो 'आर्ट ऑफ लिविंग'—यानी अपनी जिन्दगी के लिए, अपने सुख की स्वादिष्ट केक बनाना सीख गई! अपने आप में और ईश्वर में उसका विश्वास दृढ़ हो गया।

जिन्दगी की पिच पर

निन्यानवे साल के अन्ना साहेब अस्पताल के स्पेशल कमरे में बिस्तर पर पड़े गहरी सोच में डूबे थे। शाम का वक्त था। उनका पोता आनन्द चाय और रात का खाना लेकर जैसे ही आया वे बोले–''आन्दु! आज रात तू ही यहाँ रुक, आई-बाबा को घर पर ही रहने दे। रोज-रोज मेरे पास जागकर रात गुजारना उनके लिए भी ठीक नहीं है।'' आनन्द बोला–''कुछ खास बात है क्या, दादाजी?'' ''येस, इट इज स्पेशल! आज रात फाइनल मैच है। मैं देखना चाहता हूँ, देर रात जागकर।''–दादाजी ने कहा।

आनन्द ने कहा–''पर दादाजी, आपकी दोनों आँखों पर पट्टी है ऑपरेशन के बाद और बिना मशीन आप ठीक से सुन भी नहीं सकते!''

''मशीन को मार गोली! आज के दिन तू मेरा 'संजय' बन जा। धर्मक्षेत्रे कुरुक्षेत्रे जब महाभारत चल रहा था तब धृतराष्ट्र ने संजय की अन्तर्चक्षु की सहायता से वो युद्ध देखा था। तू टी.वी. पर मैच देख और मुझे सारा वृत्तान्त मेरे पास बैठकर बता! तू ही मेरी आँखें और कान बन जा, करेगा ना इतना मेरे लिए?''

''ओ.के. दद्दू, नो प्रॉब्लम!''–आनन्द बोला।

इतने में नर्स कमरे में आई। दादाजी उसे बोले–''देखो बेटी, तुझे जो कुछ करना है रात के आठ के पहले कर ले–ब्लडप्रेशर चेक, इन्जेक्शन लगाना, दवा की खुराक, बिस्तर बनाना–सब कुछ! आफ्टर एट, आई डू

नॉट वॉन्ट टु बी डिस्टर्ब्ड।'' नर्स मुस्कुराई, आनन्द को इशारे से पूछा–'क्या बात है?' उसने भी इशारे से जवाब दिया–'मैच है ना आठ बजे से', और दीवार की घड़ी पर संकेत किया। उसका मूक-नाट्य लाजवाब था। नर्स ने दुलार से दादाजी का सिर थपथपाया, आनन्द को गुड-नाइट किया और चली गई।

चाय के बाद रात को साढ़े सात बजे पोते ने दादाजी को चम्मच से पतली खिचड़ी खिलाई। दादाजी बिस्तर पर लेटे-लेटे पोते की स्नेहभरी सेवा का आनन्द ले रहे थे।

आनन्द ने पूछा–''दद्दू! आपको क्रिकेट इतना भाता है?''

ग्रैंड पा बोले–''क्रिकेट एक उम्दा खेल तो है ही, पर इस खेल ने मुझे जिन्दगी के बारे में भी बहुत कुछ सिखाया। सुनोगे? बड़े काम की चीज है!''

और फिर उस बुजुर्ग पेशन्ट ने अपने लाडले पोते को क्रिकेट और जिन्दगी की तुलनात्मक समानता समझाई। आनन्द तल्लीन होकर सुनता रहा।

1. क्रिकेट में सीनियर-जूनियर ऐसा कुछ नहीं होता। बिलकुल नया खिलाड़ी भी कमाल दिखा जाता है, और अनुभवी तुरंत क्लीन बोल्ड हो जाता है। इसीलिए सिर्फ जेष्ठता नहीं, श्रेष्ठता महत्त्व की होती है।
2. बैट्समैन फिल्डर्स को दो आँखों से देखता है पर वे उसे बाईस आँखों से देखते हैं। जिन्दगी में भी हमें कई लोग निहारते हैं, हमारे बारे में अपने-अपने इम्प्रेशन्स बनाते हैं। इसकी अहमियत को नजरअन्दाज नहीं करना चाहिए।
3. बैट्समैन को किसी भी बॉलर को कम नहीं समझना चाहिए। जिन्दगी में भी प्रतिस्पर्धी को, ऑपोनन्ट को अंडर एस्टिमेट नहीं करना चाहिए। एवरी बॉल कैन बी योर लास्ट बॉल।
4. नेट प्रैक्टिस, नेट प्रैक्टिस होती है। असली परीक्षा प्रत्यक्ष मैच

में होती है। जिन्दगी में भी प्रशिक्षण का सच्चा 'प्रूफ ऑफ लर्निंग' कार्यस्थल पर ही मिलता है।

5. सह खिलाड़ी का सहयोग ही आपको कामयाबी दे सकता है। नहीं तो उसकी गलती से आप 'रन-आऊट' हो सकते हो। ऐसा सदमा जिन्दगी में भी आ सकता है।
6. जिस तरह अन्तर्राष्ट्रीय क्रिकेट खेलते वक्त जगह-जगह की आबोहवा, पिच, दर्शकगण की मनोवृत्ति भिन्न-भिन्न होती है वैसे ही लाइफ में भी भिन्न-भिन्न परिस्थितियों का समझदारी से आकलन जरूरी है ताकि फिजूल की टेन्शन को टाला जा सके। ह्वाय कैन नॉट गेट एवरीथिंग ऑन अवर टर्म्स इन लाइफ!''

दादाजी बोलते जा रहे थे। आनन्द सुनता जा रहा था। इतना अच्छा पाठ उसने कभी नहीं सुना था।

''एक बात और।''—दादाजी ने साश्रुनयन, गद्गद होकर कहा—''नाइंटी नाइन रन हो गए इसका मतलब शतक हो गया—'सेंचुरी' हो गई, ऐसा नहीं है। मैं आज निन्यानवे साल का हूँ पर...'' आनन्द रोने लगा। ''ऐसा मत बोलो, दद्दू!''

''ओ.के., ओ.के.''—दादाजी बोले—''चल अब टी.वी. चालू कर! मैच शुरू होने वाला होगा!''

और उस रात आनन्द ने 'संजय' बनकर पूरे मैच का वृत्तान्त दादाजी की बगल में बैठकर प्यार से सुनाया। मैच खत्म होते-होते दादाजी गहरी नींद में चले गए थे।...

दूसरे दिन सबेरे आनन्द उठा तो नौ बज चुके थे। कमरे में सिसकियों की आवाज आ रही थी। आनन्द के बाबा और आई (माँ-बाप) और अन्य फूट-फूटकर रो रहे थे। वातावरण गम्भीर था। दादाजी निन्यानवे पर जिन्दगी के खेल में 'आऊट' हो गए थे। पर जाते-जाते अपने लाडले पोते को 'लाइफ इज क्रिकेट' नामक सबक क्या खूबी से सिखा गए। एक रात

में आनन्द 'मैच्योर' यानी परिपक्व बन गया। किसी भी दादाजी को अपने पोते से और क्या चाहिए?

चलते-चलते : *क्रिकेट पर कई कविताएँ हैं। लेकिन आर.एस. बर्च की ये पंक्तियाँ बहुत सटीक हैं :*

So, if you are a person that likes a challenge
Why not take up this wondrous game?
...Enjoy, it is more than a game, it is a way of life.

सामान्य अज्ञान

कुछ दिन पहले मेरी एक उच्चतर माध्यमिक विद्यालय में पढ़नेवाले विद्यार्थी से पहचान हुई। मैंने उससे पूछा–"तुम कौन से स्कूल में पढ़ते हो?" उसने कहा–"सेंट पॉल में।" "कितने साल से वहाँ हो?"–मैंने पूछा। जवाब मिला–"छह साल से।" मैंने सहज ऐसे ही सम्भाषण आगे बढ़ाने के लिए उससे पूछा–"सेंट पॉल कौन थे?" उसने कहा–"अंकल, ये तो मुझे मालूम नहीं।" बस, बात यहाँ ही खत्म हो गई। जिस काम के लिए वो लड़का आया था, वो करके चला गया। लेकिन जाते-जाते मेरी विचार शृंखला जगा गया। मुझे मेरा बचपन, वो विद्यार्थी जीवनभर याद आया। उन दिनों मुझमें भी उस लड़के जैसी जिज्ञासा नाम की चीज बड़ी अल्प थी। और इसके लिए मुझे मेरे पिताजी की जबरदस्त डाँट पड़ती थी। 'तुम निकम्मे हो, जिन्दगी में तुम कुछ नहीं बन पाओगे।' ऐसे 'सर्टिफिकेट्स' उनसे मुझे मिलते थे। मैं नादान था। मुझे गुस्सा करने के सिवा कुछ नहीं आता था! पिताजी के तीखे तेवर, कटु शब्द मुझे चुभते थे। लेकिन इस चुभन का 'सकारात्मक' असर न के बराबर था। मैं अपने आप में सुधार करने में बहुत धीमा था। लेकिन कॉलेज के फर्स्ट ईयर में दाखिला लेने के बाद जब सौभाग्य से मेरा कुछ बड़े होनहार छात्रों से पाला पड़ा, तब मेरी आँखें खुलीं। मेरा सामान्य ज्ञान कितना अल्प था इसका मुझे एहसास हुआ। मैंने अपना जनरल नॉलेज, जनरल अवेअरनेस बढ़ाने के लिए परिश्रम किए,

मन में ठान ली कि मैं हमेशा अपनी ज्ञान प्राप्त करने की जिज्ञासा को जागृत रखूँगा और 'मेन्टल लेजीनेस' यानी 'बौद्धिक आलस्य' को पनपने नहीं दूँगा। मेरे कैरियर में विभिन्न प्रवेश परीक्षाओं में, साक्षात्कारों में मुझे मेरी मेहनत के अच्छे नतीजे देखने को मिले। मेरे लिए बचपन में पिताजी की लगाई हुई 'डाँट' एक तरह से 'वरदान' साबित हुई!...

कल गुरु पूर्णिमा के दिन इस बात पर गौर करते वक्त मुझे ये भी लगा कि आज की पीढ़ी कितनी खुशनसीब है कि इनके पास इतने ज्ञान के स्रोत मौजूद हैं–इंटरनेट है, गूगल जैसी सर्च इंजन है, नई-नई पुस्तकें हैं। बस जरूरत सिर्फ इस बात की है कि अपने मन में जिज्ञासा की ज्योति हमेशा जलाते रहें। अज्ञान के अन्धकार को अपना सबसे बड़ा शत्रु समझो। जितनी ज्यादा बार हमें ये कहना पड़ेगा–"सॉरी, मुझे मालूम नहीं!" उतनी बार लोगों का हमारे बारे में 'इम्प्रेशन' खराब ही होगा। और जिन्दगी में ये लोग कोई भी हो सकते हैं–हमारे दोस्त, हमारे वरिष्ठ, हमारे सह कर्मचारी, हमारे जूनियर्स, हमारे पड़ोसी, यहाँ तक कि हमारे अपने बच्चे भी! और बच्चों के सामने अपने अज्ञान का प्रदर्शन तो बहुत ही शर्मनाक बात हो सकती है।

अब सवाल यह आता है कि क्या हम हरेक विषय का पूरा ज्ञान कभी जिन्दगी में प्राप्त कर सकते हैं? अर्थात् नहीं। जैसे मैं अंग्रेजी साहित्य का विद्यार्थी हूँ। मुझे भौतिक शास्त्र, केमिस्ट्री, त्रिकोणमीति, अर्थशास्त्र, बुक-कीपिंग, इम्युनोलॉजी, ब्रेन हेमरेज, पाषाण-युग, वैदिक गणित, एन्डोक्राईन सिस्टम, कम्प्यूटर हार्डवेअर, सी + प्रोग्राम आदि-आदि असंख्य विषयों की जानकारी क्या होगी? अर्थात् कुछ नहीं, क्योंकि ये सब 'स्पेशलाइज्ड' विषय हैं जिनका सालों तक गहन अभ्यास जरूरी है। ये सब अलग-अलग विद्याएँ हैं और किसी से भी ऐसी उम्मीद नहीं की जा सकती कि उसे ये सब बातें मालूम हों।

लेकिन हाँ, एक पढ़े-लिखे–एज्युकेटेड व्यक्ति से इतनी उम्मीद जरूर रखी जा सकती है कि दैनंदिन जीवन में सहजता से जिन असंख्य बातों

का उससे पाला पड़ता हो, समाचार-पत्रों में जो बातें वो रोजाना देखता हो, उन बातों की कम-से-कम बुनियादी जानकारी उसे हो–या उसे इतना तो मालूम हो कि ये जानकारी उसे किस स्रोत से मिल सकती है। जिज्ञासा जागृत रखने के लिए इतना काफी है। हमारे मन में एक तरह की बेचैनी हमेशा होनी चाहिए कि जब तक 'मुझे एक फलाना बात कुछ हद तक समझ में ना आए तो मुझे अच्छा नहीं लगेगा।' बस! ये बेचैनी ही 'तमसो मा ज्योतिर्गमय' की पहली पायदान है।

कॉलेज के दिनों में मैंने एक बार मेरे परम आदरणीय गुरु, दिवंगत प्रो. बोरगाँवकर जी से पूछा था–"सर! आखिरकार, जी.के. यानी जनरल नॉलेज–सामान्य ज्ञान कैसे पहचाना जाए?" उन्होंने कहा था–"विजय! यू शुड बी एबल टु रीड योर न्यूज पेपर विथ अंडरस्टैंडिंग। दैट एकोर्डिंग टु मी इज जनरल नॉलेज–(You should be able to read your newspaper with understanding. That according to me, is General Knowledge)।"

मुझे लगता है विद्यार्थीगण अपना 'सामान्य अज्ञान' दूर करने के लिए इस सरल परिभाषा की कसौटी को अपना सकते हैं। ट्राई करके जरूर देखिएगा!

इस बात को और अच्छी तरह से समझाने के लिए कुछ उदाहरण नीचे दे रहा हूँ जिससे हमें हमारे 'जनरल अवेअरनेस' के स्तर का पता चल सकता है।

कुछ उदाहरण (विद्यार्थियों के लिए)–

1. कलेक्टर शहर में धारा 144 लगाता है–यानी क्या करता है? ये धारा कौन-सी पुस्तक में है?
2. न्यायाधीश कहता है–'इस शख्स पर धारा 302 का जुर्म साबित हुआ है। क्या है ये 302?'
3. हम किसी को जब '420 आदमी है' ऐसा कहते हैं, तो ये 420 क्या है?

4. जब हम सेलफोन में 'सिम' डालते हैं? सिम शब्द का मतलब क्या है?
5. क्या हमें 'जी.एस.एम.' और 'सी.डी.एम.ए.' का पूरा फॉर्म मालूम है? हमारा सेलफोन किस टाइप का है?
6. क्या हम 'अपट्रेन' और 'डाऊन' ट्रेन समझते हैं?
7. डिक्शनरी, एन्साइक्लोपिडिया, थिसारस (thesaurus) में क्या अन्तर है?
8. 'ग्रीनविच मीन टाइम' यानी क्या? कहाँ है ये ग्रीनविच?
9. फिल्में 16 मि.मि., 35 मि.मि. आदि की होती हैं? ये एम.एम. क्या है?
10. यदि आपका स्कूल किसी व्यक्ति विशेष के नाम पर है, तो क्या आपको उस व्यक्ति के बारे में कुछ मालूम है? आपने स्कूल में अपने क्लास टीचर को पूछा है?
11. समाचार-पत्र की हेडलाइंस जब आप देखते हो, तो कितना प्रतिशत आपको समझ में आता है।

अधिकांश विद्यार्थी इन्हें समझने की कोशिश भी नहीं करते। मेरा मानना है कि यदि प्रतिदिन नई जानकारी का एक आइटम भी विद्यार्थी अपने मस्तिष्क में 'सेव' करे तो उसके दिमाग की 'हार्ड डिस्क' ऐसी अनेक जानकारियों से परिपूर्ण हो जाएगी। नतीजतन उसका कॉन्फीडेंस लेवल बढ़ जाएगा, जिससे उसका व्यक्तित्व प्रभावशाली दिखेगा। चलो! हम सब अपने 'सामान्य अज्ञान' को ऐसे ही शनैः-शनैः हँसते-खेलते मिटाएँ! आखिरकार कहाँ तक हम 'आई डोन्ट नो', 'आई डोन्ट नो' कहते रहेंगे?

क्या तुम टॉम तो नहीं?

ये कहानी बरसों पहले मैंने एक अंग्रेजी पत्रिका में पढ़ी थी। आज न उस पत्रिका का नाम याद है, न उस कहानी के लेखक का। कहानी का सार भी यकायक ही याद आ गया जब मैं पिछले हफ्ते 'आनन्द या सुख' इस विषय पर दीपक चोपड़ा की एक पुस्तक पढ़ रहा था जिसमें वे कहते हैं कि 'सुख पाना' ही हमारे सभी छोटे-मोटे उद्‌देश्यों का, सभी कार्यकलापों का अंतिम 'गोल' या उद्‌देश्य है, फिर भी हम उसे पाने में गलतियाँ यानी 'ब्लंडर्स' करते रहते हैं।...खैर! वो कहानी जिसका मैंने जिक्र किया, कुछ इस प्रकार थी :

टॉम एक स्कूली छात्र है। उसे, न जाने क्यों, स्कूल बिलकुल पसन्द नहीं है। वह हमेशा कहता रहता है–"अरे यार, ये स्कूल कितना बोरियत का मामला है। वह रोजाना का क्लासवर्क, होमवर्क, वह यूनिफॉर्म पहनने की सख्ती! हर परीक्षा के बाद पिताजी को प्रोग्रेस रिपोर्ट बताओ, फिर उनके ताने, गुस्सा और 'आज से तेरा खेलना बन्द, टी.वी. बन्द' जैसी फटकारें!!...मैं कॉलेज में होता तो कितना मजा आता। फिर कोई यूनिफॉर्म नहीं, होमवर्क नहीं, बार-बार प्रोग्रेस रिपोर्ट की कड़वी दवा नहीं, दोस्तों के साथ मौज-मस्ती करो, क्लास 'बन्द' करो, सिनेमा देखो, गर्ल फ्रेंड्स के साथ घूमो...पर 'अल्टीमेटली' ये कॉलेज का मामला भी बकवास ही है–पिताजी कितना कम पैसा पॉकेटमनी के लिए देते हैं। बार-बार

उनके सामने पैसे के लिए हाथ फैलाना पड़ता है। बड़ी लाचारी है...इससे तो अच्छा है कि कोई नौकरी लग जाए। अपनी कमाई है–कैसे भी खर्च करो कोऽऽई पूछनेवाला नहीं है!...और मुझे जो लड़की पसन्द है उसी से मेरी शादी भी हो जाए तो क्या कहना? आई विल बी ऑन दी टॉप ऑफ दी वर्ल्ड! कौन फिक्र करता है। मम्मी-डैडी को वो लड़की पसन्द है या नहीं!!"...

इस तरह की जिन्दगी के हर मुकाम पर टॉम को वर्तमान स्थिति हमेशा खराब, असन्तोषजनक ही लगती रहती है। स्कूल के दिनों में वो कॉलेज छात्र बनना चाहता है, कॉलेज छात्र के वक्त वो नौकरी, जॉब की चाहत करता है...

सौभाग्य से टॉम की अच्छी नौकरी लग जाती है। शादी हो जाती है...यथावकाश एक गोरा स्वस्थ बालक पैदा हो जाता है। पर अब असन्तोष इस बात का है कि पड़ोसी रिचर्ड जिस तरह अपने पुत्र को एक महँगे, अच्छे स्कूल में एडमिशन करवाता है वैसा आर्थिक समस्या के कारण टॉम नहीं कर सकता...और फिर वो चिन्ताग्रस्त होकर जीवन का आनन्द नहीं ले सकता। उसको फिर वही जिन्दगी से नाराजगी, शिकवा और शिकायत।...

समय बीतते जाता है। अब टॉम दादाजी बन गया है। पोते के साथ खेलने में समय बीत रहा है, पर साथ ही नई-नई चिन्ताएँ सामने आ रही हैं–पोते की परवरिश की चिन्ता, खुद के स्वास्थ्य के प्रॉब्लम्स, 'मेरे जाने के बाद मेरी विधवा पत्नी कैसे सब कुछ 'मैनेज करेगी', इसकी फिक्र...यानी एक अन्तहीन चिन्ताओं की लड़ी!!...

क्या आश्चर्य यदि अब टॉम सोचता होगा–'कितना अच्छा होता कि मैं मेरे पोते जैसा छोटा-सा नन्हा ही रहता...काश! मुझे मेरा वो बचपन फिर वापस मिल जाए...फिर मुझे कोऽऽऽई भी फिक्र करने की जरूरत नहीं होगी!!...

कहानी का तात्पर्य, सारांश यही है ना?–कि जिस सुख, आनन्द, सन्तोष की खोज में हम हमेशा रहते हैं वो ही हमें कैसे जिन्दगीभर टालने

की कोशिश में रहता है! लेकिन इसके लिए जिम्मेवार कौन है?–अर्थात्– हम खुद! हमारा मन हमेशा या तो भूतकाल में या भविष्य में रहता है इसलिए हम वर्तमान का मजा लेना ही भूल जाते हैं। भूतकाल जो बीत चुका है और भविष्य जो अनिश्चित है इनके चक्कर में वर्तमान की बलि चढ़ जाती है। लेखक कहता है–"मित्रो! एक निश्चय करो! मैं वर्तमान में ही अपना सुख, सन्तोष, आनन्द ढूँढूँगा।" स्वर्गीय आनन्द को धरातल पर लाने का–(हेवन ऑन अर्थ)। ये एक ही रास्ता है–सच्चे आनन्द का यही राज है!!

बहानेबाजी–एक बीमारी

कुछ साल पहले मेरी पुत्री ने एम.एस.-सी. और एम.बी.ए. करने के बाद एक फार्मास्युटिकल कम्पनी ज्वॉइन कर ली और एक मेडिकल रिप्रेजेंटेटिव का काम करने लगी। प्रारम्भिक प्रशिक्षण के दौरान उसे 'डोरलैंड्स मेडिकल डिक्शनरी' और एक ग्लोसरी यानी विशेष शब्दों की सूची दे दी गई। मैं कभी-कभी उसका प्रशिक्षण मैटीरियल वगैरह देखता था–जस्ट फॉर जनरल नॉलेज। मेरा ध्यान एक विशेष प्रत्यय यानी सफिक्स की तरफ सहज आकर्षित हुआ। वो प्रत्यय था 'इटिस'–'आई.टी.आई.एस.'। मैंने ऐसे कई सेहत सम्बन्धी शब्द देखे जिनके अन्त में 'इटिस' आता था। ये शब्द थे–मेनिनजाइटिस, अर्थराइटिस, साईनासाइटिस वगैरह। पूछने पर मेरी पुत्री ने बताया कि 'इटिस' प्रत्यय ग्रीक भाषा का है और इसका मतलब है–सूजन या जलन। शरीर के जिस अंग में ऐसी सूजन या जलन होती है उस अंग के नाम के आगे ये प्रत्यय लगता है। मुझे अब ऊपर लिखे हुए सभी शब्दों का अर्थ समझ में आ गया और मैं जान गया कि ये क्या व्याधियाँ हैं। मैंने सोनिया–मेरी पुत्री को इस जानकारी के लिए 'थैंक्यू' कहा। बात वहीं खत्म हो गई।...

इस बीच मैं भी एक छोटा-सा प्रबन्ध सम्बन्धी प्रशिक्षण कोर्स करके आया। आते ही मैंने सोनिया को कहा–देखो! इस बार मैं तुम्हें एक और शब्द बताता हूँ जो 'इटिस' प्रत्यय से जुड़ा है। वो शब्द था–

'एक्सक्युसाइटिस'–अंग्रेजी शब्द एक्सक्युज (Excuse) से बना हुआ। वो कहने लगी–''पापा, ऐसा कोई शब्द है ही नहीं!'' मैंने कहा–''है'', और मैंने उसे इंटरनेट पर पढ़े एक लेख का प्रिंटआऊट दिखाया। यह लेख था ब्रिटिश डॉक्टर और काउन्सेलर मादाम केम थॉम्पसन का। लेख का शीर्षक था–''क्युअर अवर एक्सक्युसाइटिस!'' ये डॉक्टर महिलाओं को काउन्सेलिंग करती थी और उन्हें समझाती थी कि कैसे हम हमारी निष्क्रियता को तरह-तरह के 'एक्सक्युज' देकर, बहाने बनाकर, 'जस्टीफाई' करते हैं यानी समर्थन करते हैं। और अपनी पूरी काबिलियत को पहचान कर उसका पूरा इस्तेमाल करने के लिए कैसे इस (मानसिक) बीमारी से छुटकारा पाना जरूरी है। इस लेडी डॉक्टर की एक पुस्तक का नाम है, 'पर्सनल सक्सेस ब्लूप्रिंट्स फॉर वुमेन'–'यानी' वैयक्तिक कामयाबी के लिए महिलाओं के लिए रूपरेखा।' दूसरे सरल शब्दों में–'हम होंगे कामयाब' वाली सकारात्मक मनोवृत्ति या दृष्टिकोण।

डॉ. केम थॉम्पसन के लेख में अंग्रेजी साहित्यकार जॉर्ज बर्नार्ड शॉ का एक उदाहरण भी है जो इस प्रकार है :

''कामयाब लोग सिर्फ परिस्थितियों को कोसते नहीं हैं। वे अनुकूल परिस्थितयाँ तलाश लेते हैं, और ऐसी परिस्थितियाँ नहीं दिखीं तो खुद अपने 'इनिशिएटिव' यानी पहलकदमी से उसका निर्माण कर लेते हैं।''–ये सन्देश सभी के लिए है, चाहे वह महिला हो या पुरुष।...

इसी विषय पर, इसी बहानेबाजी की बीमारी पर, इसी 'एक्सक्युसाइटिस' नामक व्याधि पर श्रीमान डेविड श्वार्त्झ की मशहूर पुस्तक–'द मैजिक ऑफ थिंकिंग बिग'–में एक पूरा अध्याय है जो बार-बार पढ़ने लायक है। श्वार्त्झ जी कहते हैं कि हम लोग ज्यादातर चार तरह के बहाने–अपनी निष्क्रियता, अपनी नाकामयाबी, अपनी 'मिडियोकर' यानी सेकेंड ग्रेड, थर्ड ग्रेड (काम में) प्रदर्शन छुपाने के लिए करते रहते हैं। ये बहाने हैं–

1. मेरा स्वास्थ्य अच्छा नहीं है।
2. मैं दूसरों जैसा बुद्धिमान नहीं हूँ।

3. मैं अभी उम्र में बहुत छोटा हूँ या मेरी उम्र ढल चुकी है।

4. मेरा नसीब ही खराब है।

श्री डेविड श्वार्ड्ज़ ने इस अध्याय में बड़े मनोरंजक ढंग से बहुत प्रभावकारी और तर्कसंगत तरीके से इन सभी बहानों का खोखलापन वाचकों को समझाया है जो मूलरूप में पढ़ना ही चाहिए। उनके अनुसार भी बहानेबाजी एक गम्भीर रोग है जिसका इलाज करना अत्यन्त जरूरी है–हरेक के लिए! सचमुच, जैसा कि बेन्जामिन डिजरायली ने कहा है–"हमें ज्यादा समय तक 'मिडियोकर' यानी 'मामूली' रहना महँगा पड़ सकता है, क्योंकि मामूलीपन में समय गँवा देने के लिए इतनी लम्बी आयु हमारे पास होती ही नहीं!"

इस 'एक्सक्युसाइटिस' नामक रोग का, इस बहानेबाजी की बीमारी का जल्द इलाज न करने पर, इसका रोग प्रतिबन्धक 'वैक्सीन' न लेने पर महत्त्वाकांक्षा या ऊँची तमन्ना दुःख से हमें यही कहेगी–

"जाना था हमसे दूर, बहाने बना लिए..."

चलते-चलते : *अरेबिक भाषा में एक कहावत है : An Excuse is sometimes more ugly than the Guilt.*

सच्चे समीक्षक

टेलीविजन पर एक मशहूर अभिनेता का इंटरव्यू चल रहा था। पत्रकारों ने कई सवाल किए और उस अभिनेता के प्रोफेशनल तथा निजी जीवन के बारे में काफी जानकारी हासिल की। आखिर में उससे पूछा गया– ''जनता तो आपके काम की सराहना करती है, प्रोड्यूसर भी आपके काम पर खुश हैं, हम पत्रकार भी कई बार आपको अपने सिर पर बिठा लेते हैं, पर आप सबसे ज्यादा अहमियत किसको देते हैं?'' उस अभिनेता ने उन्हें ये जवाब देकर चौंका दिया–''इनमें से किसी को भी नहीं। इनकी मेरे प्रति जो मोहब्बत है उसके लिए मैं इनका शुक्रगुजार जरूर हूँ, पर जहाँ तक मेरे काम की राय है, मैं सबसे ज्यादा महत्त्व अपने माता-पिता और पत्नी को देता हूँ। दूसरे लोग कई बार मेरी तारीफ अपने-अपने मतलब के लिए करते हैं, या केवल शालीनता के लिए, मुझे खुश करने के लिए, या सिर्फ बतौर फॉर्मलिटी करते हैं, पर मेरा कुटुम्ब सिर्फ अपना सच्चा अभिप्राय देता है जो कभी-कभी स्पष्ट और कड़वा भी होता है, लेकिन यकीनन सच्चा और दिल से किया हुआ, और मुझमें, मेरी कला में सुधार हो, प्रगति हो इसलिए, और सिर्फ इसी मकसद से किया हुआ रहता है।'' उस अभिनेता की ये बात मुझे भा गई।...

सचमुच, हम कई बार अपने खुद के बारे में बड़ा बढ़-चढ़कर सोचते हैं, हमारे दोस्तों और पड़ोसियों द्वारा की हुई हमारी तारीफ से हमें

नशा आ जाता है। हम हवा में उड़ने लगते हैं। अपने बारे में हमें भ्रान्तियाँ होने लगती हैं। ऐसे वक्त जिन्दगी में हमें जरूरत होती है ऐसे लोगों की जो अपनी स्पष्टवादिता से, सच्ची राय से हमें 'जमीन पर' ला सकें, और हमें 'रियलिटी' और हमारी वास्तविक 'लायकी' से हमें अवगत करा सकें।

इंटरव्यू में उस कलाकार ने कुछ किस्से ऐसे भी बताए जहाँ पार्टी में उसे सराहनेवाले उसकी पीठ के पीछे उसका मजाक उड़ाते थे, उसकी टाँग खींचते थे, ये कहकर कि 'ये शख़्स कितना भोला है, हम उसे 'कॉम्प्लीमेंट्स' देते हैं और ये पगला हर बात, हर तारीफ सच मान लेता है।' कलाकार ने कहा, "और ये बात मुझे मेरी पत्नी से पता चली। वो ही मेरी सच्ची हितैषी है। मेरे पिता ने भी मुझे बचपन से सीख दी थी कि 'तुमसे मीठी-मीठी बातें करनेवाले तो बहुत मिल जाएँगे, लेकिन तुम्हारे बारे में 'अप्रिय सत्य' बताने वाले बिरला होंगे। पर याद रख, उनकी कड़वी बातें ही तुम्हें जिन्दगी में आगे ले जाएँगी। तुम्हारे स्वभाव में, काबिलियत में, कला में जो खामियाँ हैं, वे सब उनके अप्रिय सत्य के कारण ही दूर होंगी!"

कलाकार आगे कहने लगा–"मेरे पिताजी मराठी का एक वाक्य हमेशा दोहराते थे–'निन्दकाचे घर असावे शेजारी!' यानी जरूरी है एक ऐसा (सच्चा) पड़ोसी जो बेबाक हमें अपना दोष बताए? जिन्दगी में परिपक्वता–मैच्योरिटी, सहनशीलता इसी से आती है।"

साक्षात्कार खत्म करते वक्त उस कलाकार ने एक बड़ी काम की बात बताई–"मेरे माता-पिता और पत्नी, मेरे हर एक नाटक के, फिल्म के सूक्ष्म दर्शक हैं। मेरी एक्टिंग में उन्हें जो-जो खटकता है, सब मेरे सामने रख देते हैं। उनका तर्क, उनका लॉजिक बहुत सिम्पल है, सरल है। वे कहते हैं–आम दर्शक और अन्य लोग तुम्हारी कला में खामियाँ निकालें इससे तो बेहतर है कि तुम हमसे ही वे खामियाँ पहले ही जान लो। लोग तुम्हारी आलोचना करेंगे तो हमें बहुत दुख होगा। इसीलिए हम इतनी

गहराई में तुम्हारे काम का विश्लेषण पहले ही कर तुम्हें उस आलोचना से बचाना चाहते हैं।''

कहते-कहते कलाकार की आँखों में आँसू आ गए। पर पत्रकारों से विदा लेते वक्त उसने एक समाधान-युक्त मुस्कुराहट में कहा–''और सुनो! अब मेरे विश्लेषकों में मेरी 8 साल की बिटिया भी शामिल हो गई है। मुझे एक और सच्चा 'क्रिटीक' मिल गया है। मैं धन्य हूँ, यकीनन मेरा भविष्य उज्ज्वल है।''

आधा गिलास

कुछ दिन पहले एक प्रवचन सुनने जाने का मौका मिला। बातों-बातों में वह वक्ता सकारात्मक सोच की बात करने लगा। उसने भी वो हमेशा वाला पानी के गिलास का उदाहरण दिया। आपके समक्ष टेबल पर आधा गिलास पानी रखा है। यदि आप सकारात्मक सोच वाले व्यक्ति हैं तो आप कहेंगे–"आधा गिलास भरा हुआ है, ठीक है, नॉट बैड!" तब आप खुश रहेंगे, नॉर्मल रहेंगे। यदि आप नकारात्मक सोच के हैं तो आप कहेंगे–"अरे, ये क्या? मेरे लिए सिर्फ आधा ही गिलास?" तब आप असन्तुष्ट होंगे, दुखी होंगे। सकारात्मक सोच के कुछ उदाहरण और भी देते हुए उसने कहा कि यदि आप सोचते हैं कि 'मेरी तबियत अच्छी है' तो तुम्हें कुछ नहीं होगा, यदि आप सोचते हैं कि 'मैं जिस हाल में हूँ, सुखी हूँ', तो आप सुखी होंगे। वगैरह-वगैरह!

प्रवचन के बाद, धर आते वक्त मैं इस प्रवचन पर विचार करने लगा। मुझे ऐसा लगा कि हमारी जीवन की समस्याओं का, उलझनों का ये अत्यधिक सरलीकरण–'ओवर सिम्प्लिफिकेशन' है! और मैं इसमें और विश्लेषण करके क्या खामियाँ मिलती हैं यह ढूँढ़ने का प्रयास करने लगा। उस गिलास का ही उदाहरण सामने रखकर मैं सोचने लगा–गिलास का आधा भरा होना, पूरा भरा होना या बिलकुल खाली होना ये कई बातों पर निर्भर करेगा–हम खुद पर, हमारी परिस्थितियों पर और

जिसका 'भाग्य' पर विश्वास है उसके लिए भाग्य पर! पर ये 'ओवर सिम्प्लिफाइड एप्रोच' नहीं चल सकती। मैंने अपने सामने दो तर्क रखे। आधे गिलास से जो शख्स आसानी से सन्तुष्ट है शायद उसमें महत्त्वाकांक्षा की, कड़ी मेहनत करने की, लगन की कमी है। ऐसे में जब तक उसमें 'मेरा गिलास आधा है' इस बात की चुभन, तकलीफ, मलाल, जागृत नहीं होता तब तक वह अपना गिलास और ज्यादा भरने की कोशिश ही नहीं करेगा। उसमें गलत अल्पसन्तोष आ जाएगा–'कॉम्प्लेसन्सी'–आ जाएगी क्योंकि वो 'रेस्टलेसनेस', वो बेचैनी ही हमें और आगे बढ़ाने के लिए प्रेरित करती है। मेरा एक दोस्त था। वो सिविल सर्विस परीक्षा के पहले प्रयत्न में आई.ए.एस. हो गया। लेकिन उसके लिए ये सफलता भी आधे गिलास जैसी ही थी। वो दूसरी बार फिर परीक्षा में बैठा और भारतीय विदेश सेवा पाकर ही रहा। बुलन्द इरादों का ये एक बढ़िया उदाहरण था। कहने का तात्पर्य यह है कि आधे गिलास की असन्तुष्टता हमेशा बुरी बात नहीं हो सकती। दूसरा तर्क मेरा यह है–यदि आपको 'सो-कॉल्ड' सकारात्मक दृष्टिकोण से 'आधा गिलास भरा तो है' इस बात पर सन्तोष मानना है तो अपने लिए इतना बड़ा गिलास लिया ही क्यों जाए? छोटा ही गिलास लो, उसे पूरा भरा हुआ देखो तथा और ज्यादा सन्तुष्ट हो जाओ!!

पर सही एप्रोच, सही नजरिया कुछ और है। आधे गिलास से सहज सन्तोष या सहज असन्तोष होना ये इतना मायने नहीं रखता जितना कि इस आधे गिलास का सही 'डायग्नोसिस'–यानी लक्षणों से रोग का निदान। आत्मसन्तुष्टि कभी-कभी 'वास्तविकता से पलायन' का भी दूसरा नाम हो सकता है। ये हमें झूठा दिलासा भी दे सकती है। इसलिए 'पोजिटिव एप्रोच', 'निगेटिव एप्रोच' ऐसे ओवर सिम्प्लिफाइड शब्द इस्तेमाल न करते हुए यदि हम ईमानदारी से हममें जो कमियाँ हैं, खामियाँ हैं उन्हें दूर करने की पुरजोर कोशिश करते रहें तो वो आधा गिलास हमें निरुत्साहित नहीं करेगा, बल्कि उसे और भरने के लिए

प्रेरित करेगा। इस तरह के 'डिवाइन रेस्टलेसनेस' की सख्त जरूरत हमें है। पूरी कोशिश करने के बावजूद हमारा गिलास पूरा नहीं भरता तो फिर कोई गिला नहीं, शिकवा नहीं। आखिरकार कहा तो है–"कभी किसी को मुकम्मल जहाँ नहीं मिलता!" लेकिन "वी शुड नेवर रेस्ट ऑन अवर ओअर्स"–यानी नाव मँझधार में डालकर उसके डण्डे पर आराम नहीं करना चाहिए!! कोशिश के बावजूद भी पूरी कामयाबी ना मिली तो भी हँसते-हँसते गुनगुनाना चाहिए, लेकिन कोशिश में कोई कोताही न हो।

"वो अफसाना जिसे अंजाम तक लाना ना हो मुमकिन
उसे इक खूबसूरत मोड़ देकर छोड़ना अच्छा।"

–हँसते-हँसते

चलते-चलते : *The difference between an Optimist and a Pessimist?– An Optimist laughs to forget, while a Pessimist forgets to laugh*

–Tom Bodett,
American Author

सेल्समैन अन्दर क्यों न आवे?

छुट्टी के दिन बरामदे में बैठकर मैं पत्रिकाएँ पढ़ रहा था। एक सेल्समैन गेट खोलकर अन्दर आ गया। मैंने उसे टोका–"क्यों भाई, गेट पर बोर्ड लगा है–'सेल्समैन अन्दर ना आएँ', पढ़ा नहीं क्या?" वो झिझककर बोला–"सॉरी सर! देखा नहीं।"

"कोई बात नहीं। बोलो! क्या बेचने आए हो।"–मैंने पूछा। मुझे उसे निराश करने की इच्छा नहीं हुई। दूसरे, मैं फुर्सत में था। सोचा–चलो आज इसी से कुछ गपशप कर लेते हैं। देखते हैं, ये नौजवान किस काबिलियत के होते हैं।

वो लड़का कोई कॉलेज स्टुडेंट दिख रहा था। पार्ट टाईम जॉब में सेल्समैन का काम कर रहा था। मुझे उसकी थोड़ी खिंचाई करनी थी, और थोड़ी नसीहत भी देनी थी। चेहरे से वो मासूम लग रहा था। मैंने सोचा–'ये लड़का कुछ एक-दो बातें काम की सीख जाए तो अच्छा है।' और फिर मैंने उसकी परीक्षा लेने के लिए सवालों की झड़ी लगा दी। मन-ही-मन उसके प्रति सहानुभूति थी। ये भी एहसास था–वक्त बड़ा बुरा चल रहा है। चार पैसे कमाने के लिए बेचारे क्या-क्या कर रहे हैं।

वो नौजवान किसी कम्पनी का वैक्युम क्लीनर बेचने आया था। मैंने उससे उसी प्रोडक्ट के सम्बन्ध में चन्द सवाल पूछे। जैसे–ये मशीन कितने वोल्टेज पर चलती है, इसे एक घण्टा चलाओ तो कितनी बिजली की खपत

होगी, इस मशीन का वजन क्या है, बाजार में इसी तरह की कोई और मशीन है क्या? आदि-आदि। मेरे सवालों का वो तसल्लीदायक जवाब नहीं दे सका। बस यही कहता रहा–"सर! बक्से पर सब लिखा है।" मुझे निराशा हुई।

मैंने उससे कुछ जनरल नॉलेज के सवाल पूछे, इस उम्मीद में कि शायद उनका तो कम-से-कम वो सही जवाब देगा। पर वहाँ भी उसकी विकेट गिर गई। उसे वैक्युम शब्द की स्पेलिंग मालूम नहीं थी, गारण्टी और वारण्टी में क्या फर्क है ये वो बता नहीं पाया। मुझे उस पर दया आने लगी। उसका मुरझाया चेहरा देख, मुझे उसका तनाव कम करने की इच्छा हुई।

"कोई बात नहीं बेटा! लगन से काम करो, धीरे-धीरे सब जान जाओगे, पर हाँ–जो भी काम करो, उसमें प्रोफेशनल टच अत्यन्त जरूरी है। आज इसका अभाव बहुतों में है, इसीलिए 'सेल्समैन अन्दर ना आए' ऐसा लिखा जाता है। फिर मैंने उसे एक कप चाय पिलाई।

"जाते-जाते तुम्हें सेल्सगैन का एक 'जोक' सुनाता हूँ। इस लतीफे में बड़े काम की बात छिपी है। सुनो–" और मैंने उसे ये किस्सा सुनाया–

"एक सेल्समैन एक बुढ़िया के घर पहुँचा। और उससे वैक्युम क्लीनर खरीदने का आग्रह करने लगा। उस मशीन के सारे गुण उसने बता दिए। बुढ़िया बार-बार कह रही थी कि मुझे तुम्हारा वैक्युम क्लीनर नहीं चाहिए, पर सेल्समैन मानने को ही तैयार नहीं–अपनी ही बात करता रहा। वह बोला–'देखो अम्मा! मैं ये चार मुट्ठी धूल आपके कमरे में फेंकता हूँ। देखो, ये मशीन मिनटों में कमरा चकाचक कर देगी।' और उसने कमरे में कुछ धूल-मिट्टी फेंक दी। और मशीन लगाने के लिए बिजली प्वाइंट ढूँढ़ने लगा। बुढ़िया हँसी और बोली–'मेरे पास बिजली का बिल भरने के भी पैसे नहीं हैं, बिजली कभी की कट गई है। अब ले ये झाड़ू और कर मेरा पूरा कमरा फिर से साफ।' "

लतीफा सुनकर वो नौजवान दिल खोलकर हँस पड़ा! सेल्समैन के कुछ अहम गुण—जैसे ग्राहक की जानकारी, ग्राहक को सब्र से सुनना, अपने प्रोडक्ट की तकनीकी जानकारी, सामान्य ज्ञान आदि—इस छोटी-सी मुलाकात में वो जरूर सीख गया होगा, ऐसी मुझे आशा है।...

मेरे बंगले के बाहर जाते वक्त गेट पर लगी पट्टी—'सेल्समैन अन्दर ना आए' पर एक अर्थपूर्ण नजर डालते हुए वो नौजवान मुझे 'थैंक्यू सर!' कहकर चला गया।

"अगर तुम ना होते..."

यह सर्वविदित है कि जिन्दगी में अच्छे दिन, बुरे दिन दोनों होते हैं। कभी खुशी रहती है तो कभी गम भी रहता है, कभी ऊँचाई सफलता की, तो कभी असफलता की खाई। लेकिन दुर्भाग्यवश कुछ लोग जिन्दगी की असफलता, बुरे दिन बर्दाश्त नहीं कर पाते और औदासिन्य, गुस्सा, डिप्रेशन आदि के शिकार होकर अपनी जिन्दगी ही खत्म करने की, आत्महत्या करने की, सोचने लगते हैं। समाचार-पत्रों में अक्सर ऐसी कई खबरें पढ़ने को मिलती हैं—कोई स्कूली छात्रा नींद की गोलियाँ खाकर, कोई नौजवान जहर पीकर, कोई प्राध्यापक गले में रस्सी लटकाकर, कोई शख्स आत्मदाह करके, तो कोई रेल की पटरी पर ट्रेन के सामने लेटकर अपना जीवन समाप्त कर लेता है। माना कि आर्थिक तंगी, कैरियर में असफलता, वैवाहिक जीवन के झगड़े, असाध्य रोग की पीड़ा ऐसे दर्जनों कारणों से इन्सान जिन्दगी से तंग आ सकता है। पर क्या आत्महत्या ही इन सब पीड़ाओं का एकमात्र समाधान है? क्या मनुष्य जीवन ईश्वर का दिया हुआ सबसे बढ़िया, सबसे कीमती उपहार नहीं है? क्या जिन्दगी में बुरे, दुख के क्षण आ गए तो हमारा पूरा-का-पूरा जीवन ही व्यर्थ हो गया? क्या हमारे कारण अन्यों की जिन्दगी में कोई अच्छी घटनाएँ नहीं घटीं? क्या दूसरों को सुख देने में उनके सुख के लिए हमने भी कभी-कभी अपने सपनों का जो त्याग किया उसका

कोई महत्त्व नहीं था? यदि हम बिना अवैचारिकता से, जल्दबाजी में खुदकुशी कर लेते हैं तो हमारे परिवार पर बिजली नहीं टूट पड़ेगी? ऐसे कई अहम सवालों का सोदाहरण जवाब देने वाली एक लघुकथा 1946 में लिखी गई थी। लेखक का नाम था–फिलिप वेन डोरेन स्टर्न और कथा का शीर्षक था–'द ग्रेटेस्ट गिफ्ट' (सबसे बड़ा उपहार)। बदकिस्मती से कई प्रकाशकों ने इस कहानी को प्रकाशित करने से मना किया और बार-बार इस कथा की पाण्डुलिपि लेखक के पास वापस आ गई। यदि ये लेखक निराश होकर इस कथा को फाड़ देता तो आज दुनिया के सामने एक मशहूर फिल्म बनकर ये कथा नहीं आती। लेकिन लेखक ने क्या किया? सिर्फ मर्यादित दो सौ प्रतियाँ इस कथा की निकालीं और क्रिसमस गिफ्ट के रूप में बाँट दीं। सौभाग्य से फ्रैंक काप्रा जैसे फिल्म निर्देशक को ये कहानी एकदम पसन्द आई, और इस कथा पर आधारित और कई नए प्रसंग डालकर, एक फिल्म बनी जिसका नाम था–'इट इज ए वंडरफुल लाइफ'–'जिन्दगी सचमुच बढ़िया होती है!' चलो! संक्षिप्त में कथा-सूत्र देखते हैं।...

कथा 'गार्डियन-एंजेल' की कल्पना पर आधारित है। कुछ धर्मों में और ग्रीक तत्व ज्ञान में पालक-देवदूत या अभिभावक-देवदूत की कल्पना है। भगवान हरेक इन्सान के लिए उसे एक फरिश्ता देता है जो उसे संकट के समय मार्गदर्शन देता है, उसकी रक्षा करता है। एक बार जॉर्ज प्रैट नामक इन्सान अति नैराश्य का शिकार होकर खुदकुशी करने ही जाता है कि यह देवदूत उसे रोक लेता है। जॉर्ज उसे अपनी दुखभरी कहानी सुनाकर कहता है–"कितना अच्छा होता यदि मेरा जन्म ही नहीं होता, क्या फायदा ऐसी जिन्दगी से!" देवदूत कहता है–"चलो, तुम्हारी ये इच्छा मैं पूरी कर देता हूँ। समझ लो तुम्हारा जन्म हुआ ही नहीं था, तुम इस धरती पर कभी थे ही नहीं। और अब देख लो अपने अतीत में जाकर कि यदि तुम सचमुच अस्तित्व में ही नहीं होते तो क्या होता?" और वह देवदूत उसे उसके जीवन की घटनाओं का पुनःदर्शन करवाता है। जॉर्ज

जब अपनी जिन्दगी इस दृष्टिकोण से देखता है कि "अगर मैं सचमुच न होता तो क्या होता?" तो उसकी आँखें खुलती हैं, उसे पश्चाताप होता है और वह आत्महत्या की कल्पना से परावृत्त हो जाता है। जॉर्ज जब सिर्फ 12 साल का था तब उसने अपने छोटे भाई को डूबने से बचाया था, युवावस्था में एक दवा की दुकान में नौकरी करते वक्त उसने प्रसंगावधान रखकर अपने केमिस्ट बॉस को एक बच्चे के लिए योग्य दवा की जगह गलती से जहर मिश्रित खुराक देने से बचाया था। ये गलती वह केमिस्ट इसलिए करने वाला था क्योंकि उसकी खुद की सन्तान की अकाल मृत्यु के कारण वह शोकमग्न था। जॉर्ज को ये भी अहसास होता है कि यदि वो होता ही नहीं, तो 'मेरी' नामक लड़की जिसे वो बेहद प्यार करता था किसी और से (किसी गलत आदमी) ब्याही जाती! देवदूत जॉर्ज को इस तरह उसके जीवन का 'रिप्लाई-पर-जॉर्ज रहित' (Reply without George) बताकर ये सोदाहरण तसल्ली दिलवाता है कि मनुष्य जीवन अनमोल उपहार है–ईश्वर का दिया हुआ, हरेक जीवन दूसरों के लिए भी बड़ी अहम भूमिका निभाता है, हरेक आदमी का समाज के जीवन में, परिवार के जीवन में कुछ-न-कुछ महत्त्वपूर्ण योगदान रहता है, इसलिए जिन्दगी का ये उपहार इतनी आसानी से, सिर्फ हम आज के दुख में डूबे हैं, औदासिन्य से घिरे हुए हैं इसलिए ठुकराया नहीं जा सकता। देखिये ना! जॉर्ज के कारण ही उसके छोटे भाई की जान बच गई थी। जॉर्ज के कारण ही वो दुकानदार गलत दवा देने की गलती से बच गया था। कहानी में और भी कुछ प्रसंग हैं जो इसी विचारधारा को बल देते हैं।...

चार पन्नों की ये कहानी 'नेट' पर पढ़ते वक्त मैं सोचने लगा–'हमारे धर्म में, तत्व ज्ञान में शायद 'गार्डियन एंजेल'–देवदूत की इस तरह की कल्पना नहीं है, तो फिर क्या किया जाए? किसे अपना देवदूत या फरिश्ता बना लें?' इसका जवाब जो मुझे अच्छा लगा वो ये था कि–'कॉन्शन्स इज द इनवर्ड मॉनिटर' यानी हमारी 'अन्तरात्मा', हमारी बिवेक

बुद्धि ये काम कर सकती है, मॉनिटर का काम ये कर सकती है, हमारी हरेक प्रक्रिया पर अपनी-अपनी 'अन्तरात्मा' कड़ी नजर रखे तो वो भी हमारे लिए एक 'गार्डियन एंजेल' बन सकती है। तब किसी को भी, कभी भी ऐसा नहीं लगेगा कि उसका जीवन ही व्यर्थ था।...

यू ट्यूब पर फिल्म के अंश जरूर देखो!

कहाँ से आए बदरा

कुछ दिन पहले मैंने एक अंग्रेजी साप्ताहिक 'टाइम' में एक कविता के बारे में पढ़ा। 2 जून, 2008 को इंग्लैण्ड से प्रकाशित इस अंक में ऑस्ट्रेलिया में 2002 में पड़े भयंकर सूखे के बारे में जानकारी थी और इसी सन्दर्भ में इस कविता का उल्लेख था। कवि मुरे हारटीन (Murray Hartin) की इस कविता का शीर्षक था–'रेन फ्रॉम नोव्हेअर' (Rain from Nowhere!)। कविता पढ़ते वक्त मेरे सामने हमारे भारतीय किसानों के जीवन की ट्रेजेडी यानी त्रासदियाँ आईं और मुझे लगा कि इस कविता में वर्णित कहानी भारत देश के लिए भी कितनी सार्थक है। क्योंकि भारत में भी Rural Depression बहुत है। कितना अच्छा होगा यदि हमारे किसान भाई भी इस कविता में दर्शाया आशावाद अपनाएँ। वैसे तो किसी भी मायूस, दुःखी, निराश शख्स के लिए इस कविता में एक 'मैसेज' है।

दिल को हिला देने वाली इस कविता में एक जवान किसान की कहानी है जो भयंकर सूखे के कारण पूरी तरह से टूट चुका है। अपने पशुओं को खिलाने के लिए वह घास तक नहीं खरीद सकता। ये पशु इतने दुर्बल हो गए हैं कि पशु बाजार में इन्हें कोई खरीदना भी नहीं चाहता। बारिश न होने से पानी के स्रोत सूख गए हैं। किसानों को आशा है कि देर से ही सही पर कुछ वर्षा जरूर होगी। ये एक क्रूर

मजाक–Cruel Joke–हो गया है–नियती का! इस किसान को कोई अब उधार देने के लिए तैयार नहीं है–लिया हुआ ऋण चुकाना तो बड़ी दूर की बात है। वह दुखी किसान सोचने लगता है–'मेरे दादाजी ने ये जमीन कितने स्नेह से हमारे लिए रखी, कभी बेची नहीं। और मैं 'युजलेस फेलो' कुछ न कर सका! मैं पत्नी और बच्चों का पालन भी नहीं कर सकता। अब जीने का क्या अर्थ है? अब जीवनलीला समाप्त करना ये एक ही रास्ता है मेरे लिए है।' इस तरह से डिप्रेशन का शिकार होकर वह किसान आत्महत्या की योजना बनाने लगता है। 'आज शाम आखिरी बार परिवार के साथ चाय पी लेता हूँ, बच्चों को एक आखिरी कहानी सुनाता हूँ, पत्नी को स्नेह भरा आलिंगन देता हूँ और शिकार करने का बहाना बनाकर अपनी बन्दूक लेकर घर के बाहर कहीं एकान्त में जाकर खुदकुशी कर लूँगा'–वह दुखी किसान ऐसा सोचने लगता है। लेकिन बहुत दिनों से कहीं दूर रहनेवाले पिताजी की कोई खबर नहीं है इसलिए वह, कोई डाक आई है क्या, यह मेल बॉक्स में देखने जाता है। वहाँ पिताजी की भेजी चिट्ठी उसका इन्तजार कर रही है। अपने श्रद्धेय पिताजी को आखिरी नमन करके वह चिट्ठी खोलता है, और ये चिट्ठी इस कहानी में नया सुखद मोड़ लाती है। पिताजी चिट्ठी में लिखते हैं–''बेटा! मैं जानता हूँ, समय बड़ा खराब चल रहा है। तेरा स्वभाव भी मैं जानता हूँ। तेरे सामने अन्धेरा-ही-अँधेरा है, रोशनी दूर तक नजर नहीं आ रही है। फिर भी बेटा! मन के सब बुरे विचार निकाल दे। तेरे परिवार का तुझे साथ है, ये मानकर चल। कुछ लोगों से बात कर ले, कुछ रास्ता निकल ही आएगा। तुम्हारी बहुत दिनों से कोई चिट्ठी नहीं आई है। मैं इधर चिन्तातुर हूँ। तुम आज जिस मोड़ पर हो, ऐसा सब कुछ मैंने भी झेला है। बात पुरानी है। मुझे याद है–7 दिसम्बर, 1983 का वह दिन। उन दिनों भी कई साल बारिश नहीं हुई थी। मैं कर्ज में डूबा हुआ था। मैं भी अपने ऊपर बन्दूक का घोड़ा खींचने ही वाला था। लेकिन उसी

वक्त नन्हे तुम बाहर दौड़ते आए। "पिताजी, तुम कहाँ हो? मेरे साथ अब खेलो ना, रोज की तरह?" और तुम्हारी इस मधुर, तोतली बोली ने मेरा जीवन बदल दिया। तूने उस वक्त मुझे आत्मघात से बचाया! तूने मानो मुझे सिखाया—खुदकुशी समस्या का जवाब नहीं है। "यू आर दी वन दैट टॉट मी देअर इज नो ऑन्सर इन ए गन।" याद रखो! तुम्हारे चाहनेवाले कुछ अच्छे मित्र काम आ सकते हैं, अपना दुरभिमान, यदि हो, तो छोड़ो, थोड़े दिन जो जॉब मिल जाए वह करो। और हाँ, ये खत मिलते ही मुझसे तुरन्त सम्पर्क करना, क्योंकि मैं तुम्हारी आवाज सुनने को बेकरार हूँ।"

ऐसा खत पढ़ने के बाद आत्महत्या करने जा रहा वह किसान भावावेश में आकर फूट-फूटकर रोने लगता है, और मन-ही-मन अपने पिताजी से चिपक जाता है। और कुछ ही क्षणों में सारा विषाद ठुकराकर हँसता हुआ अपने बीवी-बच्चों से मिलने घर की तरफ प्रयाण करता है। मानो उस वृद्ध पिता की चिट्ठी एक तरह से उसके जीवन में अनपेक्षित सुखद 'रिमझिम के तराने' लेकर आई हो। उसकी जीने की चाह फिर तरोताजा कर गई हो! आप भी मूलरूप में ये कविता जरूर पढ़िएगा। कविता की अन्तिम पंक्तियाँ इस प्रकार हैं :

> Then he strode towards the homestead, shoulders back and head held high,
> He still knew the road was tough but there was purpose in his eye,
> He called his wife and children who'd lived through all his pain,
> They talked of silver linings, how good times always followed bad...
> Then he walked towards the phone, picked it up and rang his Dad .....
> Then they heard the roll of thunder and they smelt the smell of rain.

चलते-चलते : *गुलाम अली की गाई हुई एक गजल में बड़ी अच्छी पंक्तियाँ हैं :*

"वक्त अच्छा भी आएगा, नासीर!
गम ना कर, जिन्दगी पड़ी है अभी!"
कभी मायूसी आ जाए तो इन्हें गुनगुनाना चाहिए!

फर्स्ट थिंग्स फर्स्ट

अंग्रेजी में एक पुरानी कहावत है–'फर्स्ट थिंग्स फर्स्ट', यानी जो काम पहले करना आवश्यक है, महत्त्वपूर्ण है, वह पहले ही होना चाहिए। अन्यथा सारे किए पर पानी फिर जाता है, चाहे हमारा इरादा कितना ही अच्छा क्यों न हो।

इस सम्बन्ध में एक बहुत रोचक नीतिकथा यानी पैरेबल मेरे पढ़ने में आई। रोजर नाम का एक शख्स था। उसकी न कोई फैमिली थी, न कोई दोस्त मंडली। एक बार अपने अकेलेपन से उबकर उसने सोचा–'चलो, एक पालतू जानवर ही रख लेते हैं। उसकी कम्पनी में तनहाई काफी मिट जाएगी।' लेकिन चूँकि उसके मकान मालिक ने उसे कुत्ते का पिल्ला या बिल्ली वगैरह रखने से मना कर दिया इसलिए रोजर अपने घर एक तोता ले आया। दुकानदार ने उससे कहा–"ये बहुत अच्छा तोता है। महँगा जरूर है पर आप इसे खरीदो। ये गाता है और बोलता तो है ही।"

लेकिन खरीदने के 24 घंटे बाद भी पिंजरे में बैठा वह तोता न कुछ बोला, न उसने कुछ गाया। दुकानदार से शिकायत करने पर दुकानदार ने कहा–"क्या आपने पिंजरे के साथ इसके लिए एक घंटी खरीदी है?" "घंटी क्यों?"–रोजर ने पूछा। "पहले ये तोता अपनी चोंच से घंटी बजाता है, फिर गाता है।" दुकानदार ने कहा। घंटी के

बावजूद तोता दूसरे दिन भी चुप रहा। फिर से दुकानदार से शिकायत की गई।

"सॉरी, मैं आपको बताना भूल गया था। देखो! पिंजरे में इसके लिए एक छोटी-सी सीढ़ी चाहिए, और एक छोटा-सा आईना भी! ये तोता पहले सीढ़ी चढ़ेगा, फिर ऊपर रखे आईने में अपना चेहरा देखेगा, खुश होगा। फिर चोंच से घंटी बजाएगा और घंटी की 'किण-किण' आवाज सुनते ही गा उठेगा! इसकी सारी ट्रेनिंग ऐसे ही है।"

बेचारा रोजर क्या करे? उसने ये सब चीजें भी खरीद लीं। वो तोते की बोली और गाना सुनने के लिए बहुत उत्सुक था। तोता ही तो अब उसका साथी था, उसका अकेलापन दूर करने का!

इस तरह तीन दिन बीत गए। चौथे दिन रोजर रोता हुआ उस दुकानदार के पास गया। दुकानदार ने पूछा–"अब क्या हो गया भाई?" रोजर बोला–"मेरा वह तोता आज मर गया। मैंने उसके लिए इतना सब किया फिर भी वह चुपचाप ही रहा। बस, एक-दो वाक्य सिर्फ बोला।"

"क्या बोला वह?"–दुकानदार ने पूछा। रोजर बोला–"तोता सीढ़ी की एक-दो पादान भी न चढ़ पाया। अचानक लुढ़क गया। मरते वक्त उसने दुखी नजर से मुझसे पूछा–'सीढ़ी, आईना, घंटी ये सब ठीक है, आपका प्यार भी मैं समझता हूँ। लेकिन इन चार दिनों में आपने मुझे न एक दाना खाने के लिए दिया, न एक घूँट पानी ही पिलाया, ऐसा क्यों?' "

तोते और रोजर की ये कथा क्या सबक हमें सिखाती है? इसका तात्पर्य यानी 'मॉरल' क्या है? यही ना?–पहली बातें पहले। 'फर्स्ट थिंग्स फर्स्ट।' रोजर का उस तोते के लिए घंटी, आईना, सीढ़ी आदि खरीदने में उद्देश्य अच्छा था–गुड इनटेंशन। पर रोजर बुनियादी बातें यानी उस प्राणी के लिए दाना-पानी भूल गया, तोता भूखा ही मर गया। इसीलिए कहते हैं–'डोन्ट फॉरगेट बेसिक्स।' जब हम ये भूल जाते हैं तब हमारी

स्कीम्स, मनसूबे 'फेल' हो जाते हैं, और जिनके लिए हम ये सब करते हैं उनको कोई 'असली फायदा' नहीं होता। 'दे आर नॉट इम्प्रेस्ड, दे आर नॉट हैपी।'

'फर्स्ट थिंग्स फर्स्ट' तत्व को कैसे भुला दिया जाता है। इसके कई उदाहरण हमें रोजमर्रा जिन्दगी में भी देखने को मिलते हैं। जैसे–

1. निर्माता बाजार में कोई नया कंज्युमर प्रोडक्ट लाता है। उसकी पब्लिसिटी और आकर्षक पैकिंग पर वह खूब पैसा खर्च करता है, लेकिन उस वस्तु की गुणवत्ता यानी क्वालिटी कन्ट्रोल पर ध्यान नहीं देता। ऐसा 'प्रोडक्ट' थोड़े दिन चलता है, पर ग्राहक जब उसकी घटिया क्वालिटी जान जाता है, तो वह चीज बिक्री में 'फेल' हो जाती है। उपभोक्ता 'ठगी' कैसे बर्दाश्त करेगा?
2. कोई स्थानीय प्रशासन या निगम चौराहों पर प्रतिमाएँ लगाता है, फव्वारे लगाता है, रोड डिवायडर पर फूलों के गमले लटकाता है, पर बुनियादी बातें यानी सड़क के गड्ढे रिपेअर करना, रात को पूरी रोशनी देना, ट्रैफिक सिग्नल, जेब्रा क्रॉसिंग, फुटपाथ पर का अतिक्रमण हटाना आदि ज्यादा महत्त्व की बातें नजरअन्दाज कर देता है। ऐसा सिर्फ कॉस्मेटिक बदल या 'सो-कॉल्ड सौन्दर्यीकरण' जनता को प्रभावित नहीं करता।
3. कोई उभरता कलाकार सिर्फ पब्लिसिटी के पीछे भागता है। उसे अपने गाने में 'स्टिरियो इफेक्ट'–इको इफेक्ट (प्रतिध्वनि परिणाम), चमकते ड्रेस, बड़ा वाद्यवृन्द ये सब चाहिए, पर संगीत का बुनियादी ज्ञान, रोजाना अच्छा रियाज, वॉईस-कल्चर आदि में वो कोई दिलचस्पी नहीं रखता। उसे मेहनत करने की बिलकुल इच्छा नहीं। ऐसे गायक चार दिन भी नहीं टिकते!

अंग्रेजी में एक कहावत है–"डू नॉट प्लेस दी कार्ट बिफोर दी हॉर्स।" यानी घोड़ा-गाड़ी में हमेशा घोड़ा आगे और गाड़ी पीछे ही होनी चाहिए। उलटा नहीं! वरना बात नहीं बनती।? 'फर्स्ट थिंग्स फर्स्ट'–कहावत हमें ये ही सिखाती है। स्टीफन कॉवे नामक लेखक ने तो इस सिद्धान्त पर एक पूरी पुस्तक लिखी है। कामयाब आदमी के लिए 'फर्स्ट थिंग्स फर्स्ट' यह आवश्यक 'आदत' है।

मर्फी की बर्फी

आकाश निरभ्र दिख रहा है। आसपास कोई काला बादल नहीं है। शायद आज बारिश नहीं होगी। यह सोचकर छाता घर पर छोड़कर मैं बाज़ार चला जाता हूँ, और उसी दिन थोड़ी देर बाद अचानक कहाँ से बादल आ जाते हैं और देखते-देखते बूँदा-बूँदी शुरू होकर 'रिमझिम के तराने लेकर' बरसात भी आ जाती है! ऐसा अनुभव किसे नहीं होता है! छाता ले जाओ, तो बारिश नहीं होगी, न ले जाओ तो जरूर होगी। ये बड़ा कॉमन अनुभव है। ऐसी अनपेक्षित और तकलीफ देने वाली कई घटनाएँ रोजमर्रा जिन्दगी में होती रहती हैं।

देखिए न! आपने कम्प्यूटर पर बड़ा महत्त्वपूर्ण काम किया है, आपको उसका प्रिंट-आऊट अर्जेंटली चाहिए क्योंकि कल आपका 'प्रेजेंटेशन' है, और ये क्या? आपका प्रिंटर ही खराब हो जाता है।

उसी प्रकार बहुत सोच-सगझकर हम विस्तृत में किसी कार्य का बजट बनाते हैं, फिर भी कुछ-न-कुछ गड़बड़ होकर, अनपेक्षित बातें आकर, हमारे खर्च का बजट 'अपसेट' कर देती हैं। और तो और, कभी-कभी तो हमारी निर्धारित समय-सीमा भी पार हो जाती है, लेकिन काम सन्तोषजनक और पूरा नहीं होता।

संक्षिप्त में आसान दिखनेवाली बात कठिन हो जाती है, काम में देरी हो जाती है, और आखिरकार जो गड़बड़ हम बड़ी मेहनत से टालने

की कोशिश करते रहते हैं वो गड़बड़ होकर ही रहती है। ऐसी स्थिति को कभी हम अपना दुर्भाग्य मानते हैं और फिर दुखी होते हैं, कभी उसे 'लाइटली' लेकर 'इट इज ए पार्ट ऑफ द गेम' कहकर छोड़ देते हैं। कुछ भी हो समस्या की जटिलता से, 'ऑकवर्डनेस' से हम बच नहीं पाते!

लेकिन क्या ऐसी परिस्थितियों से हम सचमुच बच सकते हैं? पूर्णतया तो नहीं, लेकिन काफी हद तक! यदि हम 'मर्फीज़ लॉ' यानी मर्फी का सिद्धान्त हमेशा ध्यान में रखें, और उसे एक तरह से अपनी जिन्दगी का फलसफा–'लाइफ की फिलोसॉफी' ही बना लें। क्या है मर्फी का सिद्धान्त?

मेजर एडवर्ड मर्फी (1918-1990) एक अमेरिकन एरोस्पेस इंजीनियर थे और अमेरिकन फौज में थे। अपने विशाल अनुभव के आधार पर उन्होंने जो अहम् बातें कहीं उन्हें प्रबन्धन के क्षेत्र में 'मर्फीज़ लॉ' नाम से जाना जाता है। केन्द्रीय सिविल सेवा के दौरान एक प्रबन्धन सम्बन्धी प्रशिक्षण में ये 'लॉ' मुझे सीखने को मिला। हमारे प्रशिक्षक महोदय इसे मजाक में 'मर्फी की बर्फी' कहा करते थे। वे कहते थे–'ये मिष्ठान्न, ये बर्फी बड़ी काम की चीज है, इसे जिन्दगी भर टॉनिक समझ कर लो। आपका स्ट्रेस, मानसिक तनाव, आपकी परेशानियाँ यह काफी हद तक कम कर देगी।''

मर्फी के सिद्धान्त में तीन मुख्य बातें हैं :

1. 'नथिंग इज एज सिम्पल एज इट लुक्स'–यानी कोई भी बात, कोई भी कार्य उतना आसान नहीं होता, जितना दिखता है।
2. 'थिंग्ज ऑलवेज टेक लाँगर दैन दे शुड'–यानी किसी भी कार्य में अपेक्षा से ज्यादा ही समय लगने की सम्भावनाएँ होती हैं।
3. 'इफ समथिंग इज टु गो रॉन्ग, इट विल'–यानी कितनी भी सावधानी रखो, फिर भी कुछ गलती यदि होनी है, तो वो होकर ही रहेगी।

कितना सटीक और वास्तववादी है यह सिद्धान्त! फिर भी हम सब इसे नजरअन्दाज करते हैं और अपने भाग्य को, अपने आपको, परिस्थिति को कोसते रहते हैं। लेकिन असल में यह सब काफी हद तक टाला जा सकता है, यदि हम सब समस्याओं को, अड़चनों को, जिन्दगी की छोटी-मोटी अनिश्चितताओं को प्रत्याशित कर सकें, 'एन्टीसिपेट' कर लें और उसके अनुसार 'एक्शन प्लान' पहले से तैयार रखें! मर्फीजी कहा करते थे–"ऑलवेज अॅज्युम वर्स्टकेस सिनेरिओज़" यानी ज्यादा-से-ज्यादा बुरा क्या होगा, समस्या क्या आएगी। इस पर पहले से ही अन्दाजा ले लो, उस समस्या का कैसे समाधान किया जाए, इस पर पहले से विचार-विमर्श कर लो, और उचित कदम तुरन्त लेने की पूरी तैयारी रखो। संक्षिप्त में आग लगने के बाद कुएँ की खुदाई मत शुरू करो।

मजे की बात यह है कि यहाँ भी मर्फी का पहला वचन ही हावी हो जाता है–'नथिंग इज एज सिम्पल एज इट लुक्स!' हम कोई तैयारी नहीं करते और काम में देरी और अव्यवस्था आ ही जाती है!!

***चलते-चलते** : मर्फी के तीसरे सिद्धान्त की एक मजेदार corollary (उपप्रमेय) है।*

"What is to go wrong will go wrong, and that too at the worst possible time in the worst possible way!"

श्रवण-भक्ति

स्कूल में संस्कृत का अध्ययन करते वक्त एक सुभाषित मेरे पढ़ने में आया था, जिसका भावार्थ था–"सत्य बोलो, प्रिय बोलो, मगर अप्रिय सत्य मत बोलो, क्योंकि अप्रिय सत्य का वक्ता और श्रोता दोनों दुर्लभ होते हैं।" ये तो खैर हुई मानव स्वभाव की विशेषता दर्शाने वाली बड़ी अहम और मूलभूत बात। लेकिन सर्वसाधारण, दैनंदिन व्यवहार में भी अच्छा वक्ता और अच्छा श्रोता जरा मुश्किल से ही मिलते हैं। जिस तरह एक अच्छा वक्ता होने के लिए प्रसन्न व्यक्तित्व, विषय की अच्छी जानकारी, समय सूचकता, अच्छी प्रभावी आवाज और शैली, अपनी बात सोदाहरण समझाने का गुण, सेन्स ऑफ ह्युमर (लोगों को बीच-बीच में हँसाने की कला) आदि बातें जरूरी होती हैं, उसी तरह एक अच्छा श्रोता होने के लिए भी कुछ बातें आवश्यक होती हैं, और यदि ऐसी बातों का अभाव श्रोता में है तो वक्ता का सारा परिश्रम व्यर्थ हो जाता है। इसी विषय पर एक बड़ी मनोरंजक, कॉमिक छोटी-सी फिल्म एक प्रशिक्षण के दौरान मुझे देखने को मिली थी। फिल्म का शीर्षक था–'इफेक्टिव लिसनिंग।' इस लघुपट में तीन दृश्य थे और उनमें से हर एक दृश्य अपनी बात बड़े रोचक और ग्राफिक ढंग से कहता है। हम प्रशिक्षणार्थी भी इस फिल्म को देखते वक्त खूब हँसे, लेकिन हँसी-मजाक में ही यह फिल्म अपना मैसेज दर्शकों पर बखूबी छोड़ गई।

दृश्य एक : क्लास चल रही है। विद्यार्थी लेक्चर सुन रहे हैं। एक बन्दा शुरू-शुरू में थोड़ी देर ध्यान से सुनता है, लेकिन यकायक अपने ही 'खयालों में' खो जाता है, जिसके कारण वक्ता क्या कह रहा है इसकी तरफ उसका बिलकुल ध्यान नहीं है। इसे इस फिल्म में 'डे-ड्रीमिंग' यानी दिवा-स्वप्न देखना कहा गया है। इसे ग्राफिकली बताने के लिए वक्ता की विचारधारा को एक 'होरिजेंटल लाइन' यानी आड़ी रेखा के जरिये बताकर उस लड़के का 'डे-ड्रीमिंग' इसी आड़ी रेखा से यकायक उठनेवाली एक तीरछी दूसरी रेखा द्वारा बताया है। जैसे :

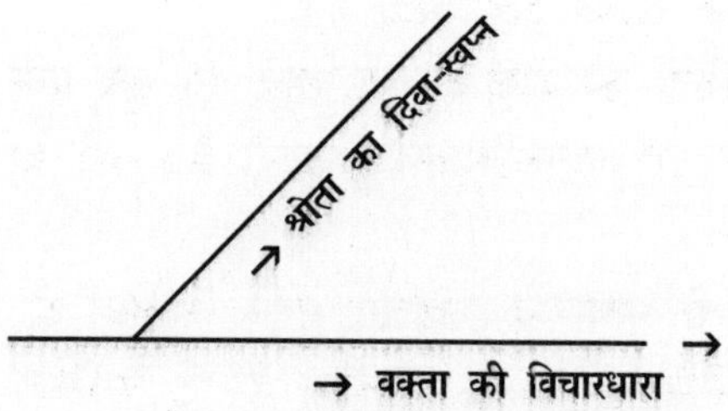

दृश्य दो : इसमें एक श्रोता बार-बार मेनलाइन यानी वक्ता की विचारधारा छोड़कर 'डायवर्जन' पर चला जाता है और फिर से मुख्य धारा में आ जाता है। (जैसे महामार्ग में रिपेयरिंग के वक्त साइड-रोड निकालते हैं जो बाद में फिर से मेनरोड को मिल जाती है।) ऐसी स्थिति को 'डिटूरिंग' कहा गया है, और इस तरह ग्राफ में बताया है।

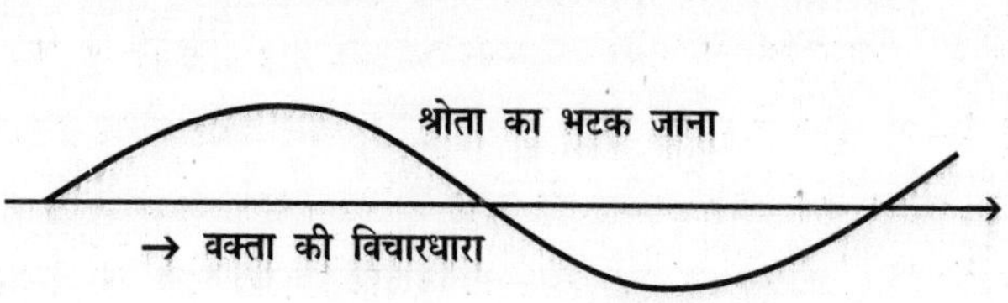

दृश्य तीन : इसमें श्रोता के विचार वक्ता के विचारों से बार-बार टकराते हैं इसलिए वह श्रोता वक्ता की पूरी बात सुनने के लिए भी तैयार

नहीं होता है और अपनी सारी शक्ति वक्ता से (मन ही मन) बहस करने में ही गँवा देता है। इसे निम्न प्रकार क्रॉस लगाकर बताया गया है।

→ वक्ता की विचारधारा
x = श्रोता की बार-बार बहस, मतभेद।

इस तरह ये तीन प्रमुख बातें–डे ड्रीमिंग, डिटूरिंग और डिबेटिंग–हमेशा ध्यानपूर्वक सुनने में बाधाएँ बन जाती हैं। नतीजतन अच्छा वक्ता भी ऐसे श्रोताओं के सामने हार जाता है।

संक्षिप्त में वक्ता को दोष देने के पहले हम खुद एक अच्छे श्रोता हैं क्या? इस प्रश्न पर आत्म-विश्लेषण जरूरी है। यही था इस बढ़िया फिल्म का सन्देश!

सच है, अंग्रेजी भाषा में इसीलिए सुनने के लिए दो अलग-अलग शब्द हैं। एक है–'हियर'–जिसका मतलब है–'टू परसिव्ह साउंड विथ ईअरस्'–जो एक सिर्फ शारीरिक क्रिया है, और दूसरा शब्द है–'लिसन' जिसका अर्थ है–'पे अटेंशन टू'–यानी ध्यान देकर सुनना, या सुना हुआ समझना।

हमारे विद्यार्थियों को विशेषकर इस फर्क को भली-भाँति समझना चाहिए। बिना मतलब अपने शिक्षकों को दोष देना 'अच्छी बात नहीं है।' सच्ची 'श्रवण-भक्ति' इतनी आसान नहीं है। उसके लिए भी एक तरह का 'डिसिप्लीन', 'सिनसिरीटी' और 'पेशन्स' जरूरी है। अंग्रेजी में एक अच्छी कहावत है–'यू कैन टेक ए हॉर्स टू द वॉटर, बट कांट मेक इट ड्रिंक'–यानी यदि घोड़े को पानी पीना ही नहीं है तो उससे जबरदस्ती नहीं की जा सकती! एक वक्ता या एक शिक्षक विद्यार्थी रूपी घोड़े को सिर्फ पानी तक ले जा सकता है, इससे ज्यादा कुछ नहीं!!

प्रवर-अवर श्रोता

टेलीविजन के विविध चैनलों पर विविध भाषाओं में रोजाना धर्म, संस्कृति जैसे गम्भीर विषयों पर प्रवचन होते रहते हैं, जिनका उद्देश्य होता है हमारी आध्यात्मिकता के प्रति, सामाजिक उत्तरदायित्व के प्रति रुझान बढ़ाना और हमें एक अच्छा नागरिक बनने का पाठ देना, दिशा दिखाना। लेकिन ये मकसद तभी पूरा हो सकता है जब श्रोता का भी इसमें पूरा सहयोग हो। और पूरा सहयोग यानी ध्यानपूर्वक सुनना और समझना। बस, यहीं एक बड़ी बाधा आती है। इसका कारण है कि श्रोता भी एक जैसे नहीं होते। भिन्न-भिन्न प्रकार के होते हैं। इस सम्बन्ध में बड़ी रोचक और सत्याधारित जानकारी श्रीमत् भागवत जैसे ग्रन्थ में अनुवादित रूप में मेरे पढ़ने आई। इरो पढ़ते वक्त ऐसा लगा जैसे आधुनिक प्रबन्धन सम्बन्धी किसी कोर्स का 'इफेक्टिव लिसनिंग' विषय पर कोई लेक्चर हो। 'प्रभावशाली सुनना', 'सही तरीके से सुनना', 'सुनने वालों के विभिन्न प्रकार' जैसी कई बातें इस ग्रन्थ में मिलीं।

श्रोताओं के गुण-अवगुण के बारे में ये ग्रन्थ कहता है कि स्थूल रूप से दो प्रकार के श्रोता होते हैं। प्रवर यानी उच्च कोटी के और यानी लोअर कैटेगरी के। इन दो श्रेणियों में भी उपश्रेणियाँ यानी 'सब-कैटेगरीज' हैं। चातक, हंस, शुक और मीन प्रवर कोटी के कुछ प्रकार हैं और अवर श्रेणी में आते हैं–वृक, वृष और उष्ट्र। ये सब जानवरों के, प्राणियों के नाम हैं।

यानी इन प्राणियों की जो खासियतें हैं वे श्रीमत् भागवत के ग्रन्थकार को मानव श्रोताओं में भी दिखीं। कितना सूक्ष्म था उनका अध्ययन और अवलोकन! चलो! समझने की कोशिश करते हैं।

चातक श्रोता : जिस तरह चातक पक्षी सिर्फ मेघ का पानी ही पीता है वैसे यह श्रोता सिर्फ प्रवचन के सबसे अहम बिन्दु पर अपना ध्यान केन्द्रित करता है।

हंस श्रोता : जिस तरह हंस नीर-क्षीर विवेक से दूध को पानी से अलग कर सिर्फ दूध लेता है वैसे ही ये श्रोता प्रवचन के छोटे-मोटे इम्पॉर्टेन्ट-अनइम्पॉर्टेन्ट बिन्दुओं में भेद कर सिर्फ विषय का 'इसेन्स' यानी सार या सत्व लेता है और बाकी छोड़ देता है।

शुक-श्रोता : यह श्रोता उसे जो कुछ बताया है वह सही-सही उसी क्रम में सुना सकता है और उसे सब कुछ समझ में आया है ऐसा 'आभास' दे सकता है। इसे 'पोपट पंची' कहते हैं।

मीन-श्रोता : मछली जैसे सदा जल में रहकर अनिमिष नेत्र रखती है, जलपान करती है पर बोलती कुछ नहीं, कुछ वैसा ही 'प्रोफाइल' इस श्रोता का होता है। ऐसा श्रोता चुपचाप सब सुनता रहता है पर 'मौन' रहता है।

इन चार तरह के श्रोताओं में निगेटिव पॉइंट्स कुछ नहीं–बस, हरेक की अपनी-अपनी आकलन शक्ति है, श्रवण-कला है, श्रवण-भक्ति है पर ये सब दिल के अच्छे हैं।

लेकिन अवर श्रेणी के यानी निचली श्रेणी के श्रोताओं से वक्ता को सावधान रहना है। जैसे–

वृक-श्रोता : यह लोमड़ी जैसा होता है। बीच-बीच में (प्रवचन सुनते वक्त) बोलेगा, चिल्लाएगा, हँसी उड़ाएगा, दूसरों को 'डिस्टर्ब' करेगा।

वृष-श्रोता : जैसे बैल को कुछ भी खिलाओ–घास, दाल-गुड़, सब्जी की पत्तियाँ–वो खा जाता है, वैसे ही यह श्रोता सब कुछ सुन लेता है–क्या लेना, क्या न लेना, उसे समझता नहीं।

उष्ट्र यानी ऊँट : इसे आप पकवान, मिष्ठान्न भी दो तो भी वो काँटे ही खाएगा। ऐसा श्रोता सिर्फ त्याज्य बातें ही ध्यान में रखता है, अच्छी बातें उसे भाती ही नहीं!

तो ये हैं अच्छे और बुरे श्रोताओं के विविध प्रकार जो इस ग्रन्थ में वर्णित हैं। इस वर्णन से हमें ज्ञात होता है कि :

1. एक अच्छे श्रोता के क्या गुण होते हैं।
2. हमारे प्राचीन ऋषि-मुनियों की मानस-शास्त्र पर कितनी अच्छी पकड़ थी।
3. प्राचीन ग्रन्थों में भी आधुनिक 'ह्यूमन रिसोर्स डेवलपमेंट' और प्रबन्धन के कितने सशक्त विचार थे।
4. और, मनोरंजक कहानियाँ सुनाते-सुनाते वे गम्भीर विषयों को भी कितना सुलभ, सुखद ढंग से श्रोताओं तक पहुँचाते थे।

हमारे लिए इस कहानी का एक ही स्वाध्याय यानी गृह-पाठ, 'होमवर्क' है–हमें निश्चित करना है कि हम खुद किस तरह के श्रोता हैं!

कहानी छह हैट्स की

एक बार एक प्रोफेसर ने अपने विद्यार्थियों को क्लास, रूम स्वाध्याय बतौर एक समस्या दी और उसे 'ग्रुप डिस्कशन' के जरिए हल करने को कहा। "आपके पास एक घंटे का वक्त है; नाऊ पुट ऑन युवर थिंकिंग कैप्स एंड गेट गोईंग (Now put on your thinking caps, and get going)"– प्रोफेसर ने उनसे कहा। आगे चुटकी लेते हुए प्रोफेसर महोदय बोले– "ऑफकोर्स, ही दैट हेज नो हेड, निड्स नो हेट! (Ofcourse he that has no head, needs no hat) अरे भाई! ये एक पुरानी कहावत है। मैं मज़ाक कर रहा हूँ।" इतना कहकर वे कुछ और काम करने क्लास-रूम के बाहर चले गए।

पर क्या सोचने के लिए, समस्या हल करने के लिए, विचार-विमर्श करने के लिए सचमुच 'कैप' की या 'हैट' की जरूरत होती है? अर्थात् नहीं। ये तो एक प्रतीकात्मक मुहावरा है और इसी प्रतीक का बड़ा सुन्दर उपयोग किया गया है एक पुस्तक में जिसका नाम है–'सिक्स थिंकिंग हैट्स' (Six Thinking Hats)। लेखक हैं, श्रीमान एडवर्ड द बोनो (Edward de Bono) जो एक मशहूर मनोवैज्ञानिक और फिजिशियन भी हैं। वे कहते हैं कि हम प्रयत्न करने पर किसी भी विषय पर, समस्या पर अनेक दृष्टिकोणों से अनेक पहलुओं से सोच सकते हैं, पर आदतन या पुअर आलस के कारण कुछ चुने हुए एक-दो नजरिए से ही उसे देखते हैं,

जिसके कारण जल्दी निर्णय, सही निर्णय, सर्वमान्य निर्णय नहीं लिया जाता। बल्कि 'क्लेश ऑफ इंटरेस्ट' यानी टक्कर की स्थिति पैदा हो जाती है। इसलिए हमें 'डेलिबरेट थिंकिंग' यानी जान-बूझकर विस्तृत सोच की आदत डालनी चाहिए।

इसी बात को समझाने के लिए बोनोजी ने छह (six) अलग-अलग रंग की हैट का प्रतीकात्मक उपयोग किया है। ये छह रंग हैं–सफेद, लाल, पीला, काला, हरा और नीला। वे कहते हैं कि हमें इन रंगों की 'थिंकिंग हैट्स' पहनने की आदत डालनी चाहिए–यानी एक ही मसले पर विभिन्न रंगों से विचार करने की क्षमता होनी चाहिए। ये रंग क्या बताते हैं?

1. **सफेद :** यह एक कोरे कागज की तरह है–ब्लैंक शीट। शुरुआत हमें यहीं से करनी है। सर्वप्रथम हमें उस मसले की, समस्या की सिर्फ तथ्यात्मक जानकारी–पुअर फैक्ट्स यानी 'डाटा' (data)–लेना है। इसमें पूर्वाग्रह के लिए कोई स्थान नहीं।
2. **लाल :** यह रंग भावना–इमोशन और इंट्यूशन आदि का है। सहज ही है कि हमारी भी किसी बात को देखने की अपनी भावनात्मक दृष्टि हो सकती है और इसमें कुछ गलत नहीं। लेकिन सम्बन्धित लोगों से चर्चा करते वक्त उनका भावनात्मक दृष्टिकोण भी हमें (विशेषतः ग्रुप प्रमुख को) ध्यान में रखना है।
3. **पीला :** यह रंग आशावाद, सकारात्मक विचारों का द्योतक है।
4. **काला :** इसमें नकारात्मक खयाल, मायनस पॉइंट्स, आलोचना, किसी योजना के वीक पॉइंट्स यानी दोष आदि पर विचार करना है क्योंकि ये बातें भी तथ्यों का एक अभिन्न हिस्सा हो सकती हैं जिन्हें नकारा नहीं जा सकता। एक का

फायदा, दूसरे का नुकसान, ये हकीकत कई बार हम देखते भी हैं। यह कड़वा सच नजरअन्दाज नहीं करना चाहिए।

5. **हरा :** यह रंग नई सोच, सृजनात्मकता, अन्य विकल्प ढूँढ़ना आदि गुणों का द्योतक है। इसे विचार-विमर्श में हमेशा प्रोत्साहन मिलना चाहिए।
6. **नीला :** जिस तरह आकाश नीला और विशाल होता है, उसी तरह हमें भी बड़े दिल से सोचना चाहिए, चर्चा में हिस्सा लेनेवाले सभी को बोलने का मौका देना चाहिए, 'ओवर ऑल व्यू' लेने की मंशा रखनी चाहिए, जिसे यह चिन्तक 'मेटा-थिंकिंग' (Meta-thinking) कहता है।

तो ये हैं अति संक्षिप्त में 'सिक्स थिंकिंग हैट्स।' इन छह हैट्स को पहनने का उद्देश्य बड़ा साफ है—पहले केवल तथ्य यानी असलियत लेकर प्रॉब्लम क्या है ये जानो, उसे 'आइडेंटीफाई' करो, फिर ऊपर बताए विभिन्न दृष्टिकोणों से उसे परखो, कई तरह के 'पॉसिबल सोल्युशन्स' यानी समस्या के हलों को सामने रखो, और आखिरकार अन्तिम हल का चुनाव करो—'चूज फाइनल सोल्युशन।'

ये छह हैट पहनने से सोचने की प्रक्रिया सुधरती है, रचनात्मक विचारों को प्रोत्साहन, गति मिलती है, सूचना का आदान-प्रदान बेहतर होता है, व्यर्थ बहस (चर्चाकर्ताओं में) टलती है और निर्णय लेने की प्रक्रिया में तेजी आती है।

जिन संस्थाओं में, प्रशासन में, समुदायों में, सार्वजनिक उपक्रमों में ये छह हैट्स पहनने का रिवाज है, कार्य संस्कृति है उनके लिए जनता जरूर कहेगी—'हैट्स ऑफ टु यू' (Hats off to you) यानी 'आपकी प्रशंसा में' हम नतमस्तक हैं!...

जाते-जाते एक चेतावनी जरूरी है। इन 'विचारवान' छह हैट्स की तुलना गलती से भी उस 'एक हाथी और छह अन्धों की कहानी' से मत करना। वे तो सभी 'अन्धे' थे, इसलिए जिसने हाथी के जिस

भाग को छुआ उसे वो वैसे समझने लगा–किसी को हाथी रस्सी जैसा, किसी को खम्भे जैसा, किसी को सुपड़े जैसा लगा। लेकिन ये 'हैट्स' वाली बात जागरूक, दूर-दृष्टिवाले, शिक्षित प्रबन्धकों, नेताओं, जनप्रतिनिधियों और प्रशासकों की है और हमारे-तुम्हारे जैसे जिम्मेदार नागरिकों की भी है।

शब्द–टेढ़े और सीधे

बचपन से ही हम सबको इस बात से वाकिफ किया जाता है कि मनुष्य एक सामाजिक प्राणी है। हमें यह भी सिखाया जाता है कि मनुष्य एक तर्कशक्ति और न्यायिक बुद्धिवाला प्राणी है। 'मैन इज ए सोशल एनिमल एंड मैन इज ए रैशनल एनिमल'–ये वाक्य हम अपने अध्ययन में रटते रहते हैं। पर असल जिन्दगी में हम कहाँ तक 'सोशल' और 'रैशनल' रहते हैं? इसी सवाल पर रॉबर्ट एच. दाऊलेस ने विचार किया और नतीजतन एक प्रेरणादायी और मनोरंजक पुस्तक लिखी गई जिसका नाम है–'स्ट्रेट एंड क्रूकेड थिंकिंग' यानी सीधी और विकृत सोच। श्री दाऊलेस ने इस पुस्तक में जो महत्त्वपूर्ण बातें उदाहरण सहित समझाईं वे इस प्रकार हैं–

1. आदमी की विकृत ढंग से सोचने की आदत और
2. उसका भावात्मक तरीके से शब्दों का इस्तेमाल–'इमोशनल यूज ऑफ वर्ड्स।'

जब-जब हमने 'क्रूकेड थिंकिंग' किया या 'इमोशनल यूज ऑफ वर्ड्स' किया तब-तब समस्या ने जन्म लिया, तनाव बढ़ा और माहौल बिगड़ गया, चाहे यह वैयक्तिक लेवल पर हो या सामाजिक या अन्तर्राष्ट्रीय स्तर पर हो। दूसरे शब्दों में हम ऐसे वक्त न सोशल रहे, न रैशनल–न सामाजिक प्राणी रहे, न तर्कशील या न्यायिक।

इसके कुछ उदाहरण देकर मैं समस्या को अधिक स्पष्ट करना चाहूँगा।

(ए) मैं अपने वैयक्तिक जीवन में दूसरों के साथ वार्तालाप करते वक्त या दूसरों के बारे में अपना अभिप्राय व्यक्त करते वक्त कौन-सा शब्द इस्तेमाल करूँगा यह मेरे उस व्यक्ति के साथ कैसे सम्बन्ध हैं, इस पर निर्भर करता है। उदाहरण के लिए– मिस्टर एक्स ऐसा आदमी है जो आसानी से अपनी राय नहीं बदलता या जो काम या बात उसने करने की ठान ली है वो वह जरूर करता है। अब यदि मुझे मिस्टर एक्स अच्छा लगता है तो मैं कहूँगा कि वह 'दृढ़' यानी 'फर्म' आदमी है, यदि मेरी और उसकी 'पटती' नहीं है या मुझे उससे नफरत है तो मैं उसे 'हठवादी' यानी ऑब्स्टीनेट कहूँगा या उसे 'पिग-हेडेड' उपाधि से तिरस्कृत भी करूँगा। मूलतः ये तीनों शब्द–'दृढ़', 'हठवादी' और 'पिग-हेडेड' एक ही आशय बताते हैं–कि ये आदमी किसी के इन्फ्लुएन्स या प्रेशर में नहीं आनेवाला। पर मेरा उसके साथ क्या रिलेशन है उस पर मेरा 'च्वॉइस ऑफ वर्ड्स' यानी शब्दों का चयन निर्भर करेगा। इसी को इमोशनल यूज ऑफ वर्ड्स या शब्दों का भावनात्मक इस्तेमाल कहते हैं जो 'रैशनल' नहीं है। यानी इसमें हमारे निष्पक्ष बर्ताव का अभाव है। ये गलत है और टालना चाहिए।

(बी) राजनैतिक माहौल में भी ऐसी विकृति दिखती है। यदि मेरी पार्टी के नेता का भाषण है और वो लम्बा-चौड़ा बोले जा रहा है तो भी मैं उसे 'वाक्पटुता' कहूँगा, मुझे उसका भाषण ओजस्वी लगेगा। लेकिन किसी प्रतियोगी पार्टी के नेता का भाषण है और वह सचमुच अच्छा भाषण है तो भी मैं उसे 'बड़बोलापन' या शब्दों का आडम्बर करार दूँगा! मेरी पसन्द का वक्ता 'इलोक्वन्ट' और दूसरा 'बम्बास्टीक'!!

(सी) धर्म सम्बन्धी चर्चाओं में भी ऐसी तफावत, ऐसी विकृति दिखती है। किसी को अपने धर्म का एक शख्स धर्मनिष्ठ–'धर्माचारी', धार्मिक दिखता है और उसी टाइप का दूसरे धर्म का इन्सान 'कट्टरपन्थी' लगता है! असलियत में मूलतः दोनों का स्वभाव या गुण एक जैसा ही है। हम अपनी चाहत या नफरत के अनुसार भिन्न-भिन्न भावना जतानेवाले विशेषणों का उपयोग करते हैं। यहाँ भी हमारी लैक ऑफ ऑनेस्टी (बेईमानी) और 'पारशॅलिटी'–पक्षपाती वृत्ति दिखती है, जो न्यायिक या तर्कशुद्ध यानी 'रैशनल' नहीं है।

(डी) कभी-कभी न्याय सम्बन्धी मामलों में भी शब्दों का इस तरह का भावनात्मक उपयोग या 'क्रूकेड थिंकिंग' दिखाई देती है। जब तक गुनाह साबित नहीं होता तब तक अभियुक्त को 'दरिन्दा', 'स्काऊंड्रेल' आदि विशेषणों से न्यायालय में वकील द्वारा वर्णन करना यानी ज्यूरी को उसके प्रति पहले से ही कलुषित करना या जो इल्जाम अभी साबित होने को है उसे पहले से ही साबित मान के चलने जैसा है। इसे क्रूकेड थिंकिंग या टेढ़ी सोच का एक अच्छा उदाहरण माना जा सकता है।

(ई) कई बार हमारी सोचने की आदतें (हैबिट्स ऑफ थॉट) हम पर हावी हो जाती हैं। इसलिए पर्यटन से वापस आने के बाद हम दूसरे मुल्कों के रहवासियों का कुछ इस तरह वर्णन अपर्याप्त ज्ञान और पूर्वाग्रह से करते हैं–अरे! वो लोग तो बड़ा 'अजीब' खाना खाते हैं, या उनके रिवाज बड़े 'फनी' हैं, या उनकी लाइफ स्टाइल बड़ी 'पिछड़ी' हुई है–आदि-आदि, या 'अरे, उन्हें कोई सेन्स ऑफ ह्यूमर नहीं है, बड़े गम्भीर किस्म के वे लोग हैं'– वगैरह-वगैरह! यहाँ भी हमारी मानसिक अपरिपक्वता, टेढ़ी सोच या भावनात्मक शब्दों का उपयोग करने की आदत ही दिखती है। असल में हमें सिर्फ ऐसा कहना चाहिए–'हमारे और

उनके व्यंजन अलग हैं, हमारे रिवाज और उनके रिवाजों में अन्तर है, और जिन बातों से उनमें हास्य पैदा होता है वो हमसे अलग हैं।' लेकिन 'अजीब, 'फनी' वगैरह शब्द इस्तेमाल कर हम फिर से 'टेढ़ी सोच' और भावनात्मक 'एक्सप्रेशन' के शिकार हो जाते हैं।

सारांश में एक सुसंस्कृत, पढ़े-लिखे विचारशील, तर्कयुक्त और न्यायिक इन्सान का यही लक्षण है कि वह हमेशा 'रैशनल थिंकिंग' और 'स्ट्रेट थिंकिंग' पर जोर दे और 'क्रूकेड थिंकिंग' और भावनात्मक ढंग का त्याग करे। सामाजिक जीवन की कई परेशानियाँ, तनाव, रिश्तों में कड़वाहट, पक्षपात, पूर्वग्रह, गलतफहमियाँ ऐसा करने से दूर हो सकती हैं।

हम यह भी कह सकते हैं कि भावनाओं का इस्तेमाल करना ही हो तो सिर्फ आपसी स्नेह बढ़ाने के लिए, एक-दूसरे की हौसला-अफजाई के लिए, पारस्परिक सहयोग बढ़ाने के लिए—यानी सकारात्मक नतीजों के लिए ही करें।

पत्थर के कारीगर और लोटस-ईटर्स

प्रबन्धन में एक अहम विषय जो सिखाया जाता है, वह है–उत्पादक कार्य यानी 'प्रोडक्टिव वर्क' (Productive Work)। सच्चा उत्पादक कार्य सिर्फ धन और माल यानी 'मनी' और 'मैटिरियल' ही नहीं निर्माण करता। वह कर्मचारी के लिए 'जॉब सॅटिसफेक्शन' के जरिए एक अनोखा आनन्द भी पैदा करता है। लेकिन सभी कर्मचारियों का अपने काम के प्रति देखने का दृष्टिकोण एक जैसा नहीं होता। इस सम्बन्ध में अक्सर कुछ मजेदार लतीफे बनाए जाते हैं।

एक ही जैसा काम करते वक्त हर एक कर्मचारी की धारणा उसके व्यक्तित्व को कैसे दिखाती है इसकी लोकप्रिय कहानी इस प्रकार है–पत्थर फोड़नेवाले तीन कारीगरों से एक ही सवाल पूछा गया–"आप ये काम क्यों कर रहे हो?" पहला कारीगर बोला–"ये काम मेरी रोजी-रोटी है। इससे मेरे कुटुम्ब का उदर-निर्वाह होता है।" दूसरा कुछ अभिमान से कहता है–"मैं इस पूरे ग्रुप में सबसे अच्छा पत्थर काटनेवाला हूँ।" और तीसरा जवाब देता है–"हम सब मन्दिर बना रहे हैं।" यह कहानी काम के प्रति तीन अलग-अलग दृष्टिकोण तो बताती ही है साथ ही कार्य को उत्पादक बनाने के साथ अर्थपूर्ण यानी 'मिनिंगफुल' बनाना और उसमें से सच्चा सन्तोष पाना यह भी पहलू–जो बहुत महत्त्वपूर्ण है–दर्शाती है। वो तीसरा कारीगर जो मन्दिर बनाने की बात करता है वो ही अपने काम का अन्तिम

उद्देश्य जानता है और उसी दिशा में प्रयत्नशील रहता है। अपनी-अपनी जगह दूसरे दो भी ठीक हैं पर अधिकतम प्रेरणा तीसरे में ही दिखती है।

लेकिन समस्या उस वक्त गम्भीर बनती है जब कुछ लोग काम ही नहीं करना चाहते हैं। इसकी कहानी कुछ इस प्रकार है। एक लिपिक को पूछा गया कि–"तुम काम क्यों नहीं करते?" तो वह शख्स उलटा सवाल पूछता है, "काम करने से क्या होगा?" उसे एक-एक बात समझाई जाती है कि काम करने से बॉस खुश होगा, तरक्की होगी, तरक्की से तनख्वाह बढ़ेगी, पदोन्नति होगी, पेन्शन में फायदा होगा, और तुम चाहो तो अपनी मर्जी से ज्यादा पैसा कमाकर जल्दी भी सेवानिवृत्त हो सकते हो, और फिर आराम की जिन्दगी बिता सकते हो!" यह सुनकर कर्मचारी हँस के कहता है–"बस! इतनी सी बात! वह आराम की जिन्दगी मैं आज भी बिता रहा हूँ!!" अब ऐसे कर्मचारियों का क्या इलाज है? सोचने की बात है। ऐसे लोगों से अर्थपूर्ण काम की अपेक्षा करना बेकार है। ये कर्मचारी 'निरर्थक' हैं और जहाँ पदस्थ हैं वहाँ सिर्फ 'अनर्थ' ही कर सकते हैं!!

ब्रिटिश लेखक जेरोम के. जेरोम की मशहूर कहानी 'एक नाव–तीन शख्स'–'थ्री मैन इन ए बोट' (Three Men in a Boat) में एक पात्र अपने काम के प्रति अनास्था को बड़े व्यंगात्मक ढंग से बयान करता है। वो कहता है–"मुझे काम बहुत अच्छा लगता है। मैं उससे मोहित हो जाता हूँ। मैं उसे (अपने टेबल पर) घंटों (फाइलों के रूप में) देख सकता हूँ। लेकिन उस काम को खत्म करने की कल्पना से ही मेरा दिल टूट जाता है!"

हमारे चारों तरफ ऐसे 'प्रेमी' कई होते हैं! है ना? काम के प्रति आस्था न होना, लगन न होना, सिर्फ कैसे भी दफ्तर में 'टाईम-पास' करना, ये भी एक संसर्गजन्य बीमारी जैसा होता है। अंग्रेजी कवि लॉर्ड टेनिसन की एक कविता है। नाम है–'लोटस-इटर्स' (Lotus Eaters)। इसकी कहानी ग्रीक दन्तकथा नायक युलिसीस से सम्बन्धित है। एक बार वो अपने साथियों के साथ एक अनजान द्वीप पहुँच जाता है। वहाँ की

जमात सिर्फ लोटस के फूल और फल खाकर रहती है। इस पौधे का 'नारकोटिक' परिणाम रहता है। इससे नशा और नींद आने लगती है। जब युलिसीस के साथी ये लोटस खाते हैं तो उन्हें भी इसकी 'लत' लग जाती है। युलिसीस जब उन्हें कहता है कि ''अब फिर से नाव में सवार हो जाएँ, हमें वापस भी अपने-अपने कर्तव्य करते जाना है'' तो वे सब इन्कार कर देते हैं। कहते हैं–''ये ही आराम का जीवन अच्छा है। लोटस खाओ और पड़े रहो। काम में क्या रखा है? डेथ इज द एंड ऑफ लाइफ। सो व्हाय शुड लाइफ ऑल लेबर बी? "Death is the end of life. So why should life all labour be?"–यानी एक दिन मरना तो है ही, तो क्यों फालतू मेहनत करते रहें?''

जिस संस्था में, संगठन में, व्यवस्था में ऐसे 'लोटस-इटर्स' हों, उसमें उत्पादक कार्य, अर्थपूर्ण कार्य की क्या अपेक्षा की जा सकती है?

हमारे माहौल का ये कटु सत्य है कि सच्चा उत्पादक कार्य बहुत कम लोग करते हैं। किसी भी कम्पनी के प्रशासक अधिकारी भी ये मानते हैं कि 80% कार्य 20% स्टाफ के ऊपर ही निर्भर करता है, बाकी तो घड़ी के अनुसार आते हैं, और जाते हैं! जब हम ये समझ जाएँगे कि काम को अर्थपूर्ण बनाना इसलिए भी आवश्यक है कि हमारी रोजाना जिन्दगी का करीब एक तिहाई हिस्सा हम अपने काम की जगह पर ही बिताते हैं। तो क्यों न उस जगह से घर वापस जाते वक्त सन्तुष्ट होकर जाया करें? दूसरी बात, अपना-अपना सुनिश्चित काम अन्तिम उद्देश्य को ध्यान में रखकर करने से ध्येयतुष्टि के साथ अपनी कार्यकुशलता के प्रति गर्व और आत्मिक आनन्द का भी अनुभव हमें आता है। उस मन्दिर बनानेवाले कारीगर की तरह!

आर यू मिस्टर एक्स?

संस्कृत में एक कहावत है—"पिण्डे पिण्डे मतिः भिन्ना" यानी जितने लोग उतनी उनकी बुद्धि, उनके स्वभाव और व्यक्तित्व में भिन्नता, विविधता। यह विविधता कर्मचारियों के अपने काम के प्रति रवैये में भी दिखती है। इसी के मनोवैज्ञानिक आधार पर 1960 के आसपास डाऊग्लस मैक्ग्रेगोर नामक प्रबन्धन ज्ञानी ने कर्मचारियों के दो मॉडल्स बनाए। अपनी पुस्तक में उन्होंने इसे 'एक्स' और 'वाई' ऐसे नाम दिए। अपने विस्तृत निरीक्षण के बाद उन्होंने पाया कि कुछ कर्मचारी स्वभावतः काम में टालमटोल ही करते हैं। वे आलसी, अनुत्साहित होते हैं। उनमें कल्पकता-क्रिएटिविटी नहीं रहती। वे जिम्मेदारी से कतराते हैं, और पैसा, ओवरटाइम, बोनस जैसे 'इनसेंटिव' के बिना काम नहीं करते। उनमें कोई महत्त्वाकांक्षा भी नहीं रहती। सिर्फ 'मजबूरी' है इसीलिए वे काम करते दिखते हैं। ऐसे लोग उन्होंने 'एक्स' श्रेणी में डाले। इसके विपरीत जो कर्मचारी 'वाई' श्रेणी के होते हैं वे प्रेरित रहते हैं, महत्त्वाकांक्षी, काम में खुद रुचि लेने वाले, जिम्मेदारी सहर्ष स्वीकारने वाले, कल्पक और अपने काम में आनन्द ढूँढ़ने वाले होते हैं।

मैक्ग्रेगोर ने फिर प्रतिपादन किया कि यदि कामगार 'एक्स' और 'वाई' टाइप के हैं तो स्वाभाविक है कि उनके लिए मैनेजमेंट स्टाइल भी भिन्न-भिन्न होगी। 'एक्स' के लिए कठिन यानी 'टफ' और 'वाई' के

लिए नरम, मुलायम यानी 'सॉफ्ट'। दूसरे शब्दों में एक के लिए 'एथॉरीटेटिवह' और दूसरे के लिए 'पारटिसिपेटिवह'। एक पर पग-पग पर कन्ट्रोल और दूसरे को इस तुलना में ज्यादा आजादी, उसके साथ विचार-विमर्श और कम्पनी के निर्णयों में भी उसकी सकारात्मक भागीदारी और योगदान।

विलियम औची नामक अमेरिकन प्रोफेसर 1980 में एक पादान और आगे निकल गए। उन्होंने अमेरिकन और जापानी प्रबन्धन पद्धतियों का तुलनात्मक अध्ययन किया और अपनी 'थ्योरी जेड' प्रस्तुत की। उन्होंने कर्मचारी की अपनी संस्था, फैक्टरी, दफ्तर के प्रति 'निष्ठा' बढ़ाने पर सर्वाधिक जोर दिया और कहा कि जहाँ जॉब में स्थिरता है–'जॉब फॉर लाइफ'–और मैनेजमेंट कामगारों के कल्याण के प्रति 'स्ट्रॉन्ग फोकस' से पेश आती है, वहाँ कर्मचारियों का मनोबल, आत्मविश्वास और 'मोराल' ऊँचा होता है, और जॉब सॅटिसफेक्शन यानी काम में आनन्द और उत्पादकता भी ऊँची होती है।

मानव संसाधन विकास सम्बन्धी ये 'एक्स' 'वाई' और 'जेड' कल्पनाएँ कहाँ तक अपने आप में स्वयंसिद्ध हैं, प्रैक्टिकल हैं, या, क्या हम अपने आपको 'रिजीडली' एक्स या वाई श्रेणी में डाल सकते हैं, क्या आज का 'एक्स' कल का 'वाई' नहीं बन सकता, या क्या इसका बिलकुल विपरीत भी परिस्थितिनुसार नहीं हो सकता, क्या कर्मचारी उनके वेलफेयर, कल्याण, सुविधाएँ, नौकरी की स्थिरता आदि का गलत फायदा नहीं उठा सकते, या इन्हें अपना 'जन्मसिद्ध अधिकार' ही नहीं समझ सकते?–ऐसी कई-कई बाते हैं जिस पर मानव संसाधन में सम्बन्धित सभी को गम्भीरता से सोचना है।

जाते-जाते एक बात और। ये सब सिद्धान्त, मॉडल्स सिर्फ कारखानों, फैक्टरीज़, दफ्तर, संस्थाओं तक ही सीमित नहीं हैं। हम चाहे तो इन्हें अपने परिवार और समाज सन्दर्भ में भी देख सकते हैं। इस दृष्टि से माता-पिता, अभिभावक, शिक्षण संस्थाओं के प्रधान, शिक्षक वर्ग आदि

भी इन विचारों पर आत्मपरीक्षण करके अपने बच्चों को, विद्यार्थियों को आगे जाकर अच्छे कर्मचारी, अच्छे नागरिक बनने में मदद कर सकते हैं ताकि एक्स श्रेणी का दायरा कम से कम होकर अधिकांश लोग 'वाई' श्रेणी में पर्दापण कर सकें। और 'जेड' सिद्धान्त की 'निष्ठा' हर जगह चमक उठे।

खिड़कियाँ

केन्द्रीय सिविल सेवा में नौकरी के दौरान हर एक पदोन्नति के पहले हमें प्रबन्धन सम्बन्धी प्रशिक्षण कोर्स करना पड़ता था। मकसद यह था कि कैरियर में जैसे-जैसे प्रशासनिक अधिकार और जिम्मेदारियाँ बढ़ती जाएँ, वैसे-वैसे निर्णय लेने की परिपक्वता आती जाए और विशेषकर मानव संसाधन विकास के बारे में और साथ-साथ अपने खुद का सर्वांगीण विकास कैसे हो इस बारे में उपयुक्त जानकारी हर एक अधिकारी को प्राप्त हो सके।

ऐसा ही एक प्रशिक्षण मुझे डाक विभाग में निदेशक होने के पहले मिला। अपने व्यक्तित्व की भी कई खिड़कियाँ होती हैं और उनमें से कौन-सी खिड़की कितनी खुली रखनी है, ये भी अन्ततः हमारे अपने ऊपर ही निर्भर करता है। यह महत्त्वपूर्ण सीख भी इस प्रशिक्षण के दौरान मुझे मिली। आज का नवयुवक 'हाइटेक' जगत में विचरण करता है। हाथ में सतत 'मोबाइल' लेकर घूमता है, 'एस.एम.एस.' भेजता रहता है, इंटरनेट पर 'चैट' करता रहता है—सारांश में संचार प्रणाली के सारे प्रकार एक-दूसरे से 'कम्युनिकेशन' करने के लिए इस्तेमाल करता है, फिर भी अपने व्यक्तित्व की खिड़की दूसरों के लिए कितनी खुली रखता है, यह एक सोचने का विषय है। कम्प्यूटर पर काम करते वक्त हम 'विन्डोज़' ऑपरेटिंग सॉफ्टवेयर का आधुनिकतम एडिशन चाहते हैं, और डेस्कटॉप

पर 'विन्डो' बड़ी कैसे करना, छोटी कैसे करना, बन्द कैसे करना, या एक साथ एक से ज्यादा 'विन्डो' खोलकर मल्टी-टास्क काम कैसे करना, इन सब बातों में प्रवीण हो जाते हैं, लेकिन अपने खुद के व्यक्तित्व की जो अनेक खिड़कियाँ हैं उन पर उचित ध्यान नहीं देते।

चलो! इन ज्ञानवर्धक और मनोरंजक खिड़कियों के बारे में कुछ गुफ्तगू करें।

हमें उस प्रशिक्षण में बताया गया कि 1969 में दो सामाजिक विज्ञान के पण्डितों ने इन खिड़कियों के सिद्धान्त का प्रतिपादन किया। एक थे श्रीमान जो लुफ्त और दूसरे थे श्रीमान हॅरी इंगमन (Joe Luft & Harry Ingman)। इनके अनुसार हमारे व्यक्तित्व की चार खिड़कियाँ होती हैं।

पहली–इसमें ऐसी जानकारी है जो मुझे मालूम है और दूसरों को भी विदित है।–'नोन टु मी, एंड नोन टु अदर्स।' मेरी शारीरिक पर्सनॅलिटी, मेरा पहनावा, मेरी कुछ आदतें, मैं क्या करता हूँ, कितना पढ़ा-लिखा हूँ आदि-आदि और मेरे बारे में छोटी-मोटी असंख्य बातें जो दैनंदिन व्यवहार में दूसरों को सहज दिख जाती हैं।

दूसरी–'नोन टु मी, बट अननोन टु अदर्स।' इसमें मेरे व्यक्तित्व के ऐसे पहलू हैं जो मैंने जानबूझकर दूसरों से छिपा रखे हैं। इसके कई उद्‌देश्य हो सकते हैं। या तो मुझमें कोई न्यून-गण्ड है, या मुझे डर है कि यदि ऐसी जानकारी मैं दूसरों को दूँ तो शायद वे मेरे बारे में गलत ओपिनियन बना बैठें या मुझे 'निगेटिवली जज' करें। हर एक इन्सान इस 'विन्डो' में क्या रखना है इसकी अपनी-अपनी सूची बना सकता है।

इन ऊपर निर्दिष्ट दो खिड़कियों में मूल फर्क यह है कि पहली खिड़की खुली है और दूसरी जानबूझकर दूसरों के लिए बन्द है!

तीसरी–यह खिड़की कुछ अजीब है। इसे 'अननोन टु मी, बट नोन टु अदर्स' कहते हैं। यह कैसे हो सकता है? प्रशिक्षण के दौरान हम भी यही सोच रहे थे। असलियत यह है कि जिन्दगी में व्यवहार करते वक्त

हमारे अपने बारे में कुछ मुगालते रहते हैं, खुद को सही परखने का कुछ अभाव रहता है लेकिन असलियत क्या है, यह समाज में हमारे इर्द-गिर्द रहनेवालों को–फैमिली, ऑफिस, क्लब आदि को मालूम रहती है। जैसे हमारे व्यक्तित्व के कुछ 'डार्क स्पॉट्स' जो हमें नजर ही नहीं आते। उदाहरण के तौर पर जैसे कि मैं समझूँ कि मैं बहुत मिलनसार हूँ, हँसमुख हूँ, लेकिन मेरा प्रत्यक्ष व्यवहार (अनजाने में सही) ऐसा है कि लोग मुझे गर्विष्ठ, मित-भाषी समझते हैं, जो शायद असलियत भी है! अब इस खिड़की को यदि हमें सुधारना है तो हमें दूसरे लोगों से, हमारे बारे में सच्चा 'फीड-बैक' लेना चाहिए और चाहे वो 'फीड-बैक' कितना भी कटु क्यों न हो, उसका स्वागत कर उसे अपने आपको बदलने का एक अच्छा अवसर मानना चाहिए।

अब आते हैं चौथी और आखिरी खिड़की की ओर।

चौथी–न मुझे मालूम, न दूसरों को मालूम–'अननोन टु मी, एंड अननोन टु अदर्स!' यह तो बहुत ही गूढ़ और रहस्यमय खिड़की है। यह ऐसा 'एरिया' है जो पृष्ठतल के नीचे ही रहता है, इसमें हमारे बचपन की ऐसी स्मृतियाँ हैं जो बाद में प्रयत्न करने पर भी ठीक से उभर ही नहीं पाती हों, या हमारे व्यक्तित्व की कुछ ऐसी काबिलियतें जिन्हें हम 'एक्सप्लोअर' ही न कर सके! कुछ भी हो, यह खिड़की कभी भी सौ फीसदी–शत-प्रतिशत–खुली हो ही नहीं सकती, ऐसा मानकर ही चलना चाहिए। व्यक्तिगत लेवल पर हममें से हर एक को इस खिड़की में झाँककर देखने की उत्सुकता होनी चाहिए। ईश्वर करें, कौन जाने हमारे व्यक्तित्व का कोई उज्ज्वल पहलू बाहर आ जाए, जिसके बारे में हम सालों तक खुद अनभिज्ञ रहे हों!

तो ये हैं हमारे जीवन की, व्यक्तित्व की चार खिड़कियाँ। मानव प्रबन्धन क्षेत्र में इन्हें उन दो समाज विज्ञान शास्त्रियों के नाम से, 'जो-हॅरीज़ विन्डोज़' नाम से जाना जाता है। इसमें पहली 'विन्डो' खुली है, दूसरी अन्य लोगों से छुपी (हमारे लिए खुली) है, तीसरी मेरे लिए

'ब्लाइंड' यानी अज्ञान-पूर्ण पर दूसरों को ज्ञात है, और चौथी–जैसा कि मैंने ऊपर बताया है–रहस्यमय है।

अन्ततः अहम सवाल जो उठता है वह यह है कि हम इन विन्डोज़ का क्या करें? उत्तर, (जो हमें उस बढ़िया प्रशिक्षण में दिया गया) यह था कि हर एक की कोशिश यह रहे कि एक स्वस्थ, तनाव-रहित, शान्तिमय जीवन के लिए सामाजिक व्यवहार करते वक्त पहली खिड़की का आकार जितना बड़ा हो, उतना अच्छा है; यदि ऐसा होता है तो खिड़की नम्बर दो–'नोन टु मी, बट अननोन टु अदर्स'–अपने आप छोटी हो जाएगी। उसी तरह यदि मैं दूसरों का मेरे बारे में जो खयाल है, उसकी कद्र करता हूँ तो मुझमें सुधार होगा, अपने बारे में गलतफहमियाँ दूर हो जाएँगी और यह तीसरी खिड़की भी साइज में कम हो जाएगी। इसके लिए मेरा सम्बन्ध अन्यों से ऐसे होने चाहिए कि उन्हें मुझे मेरे बारे में कुछ बताने में कोई हिचकिचाहट नहीं होनी चाहिए।

और चौथी और आखिरी खिड़की?–चलो! हम सब इसको अपने-अपने ढंग से तलाशें।

***चलते-चलते** : 'विन्डोज़' पर : एक कवि डोनोबॅन हाल्ट्ज की कुछ सटीक पंक्तियाँ देखें :*

Through a window I watch
Windows are for watching
Square pieces of life
Ever changing!

दो पारकिन्सन

पारकिन्सन सिद्धान्त और पारकिन्सन बीमारी ये बातें वस्तुतः काफी भिन्न हैं। जिन व्यक्तियों के नाम से ये सिद्धान्त और यह बीमारी जाने जाते हैं, वे व्यक्ति भी एक-दूसरे से काफी भिन्न हैं। पारकिन्सन सिद्धान्त के प्रणेता थे—श्रीमान सिरील नॉर्थकोट पारकिन्सन और पारकिन्सन व्याधि के खोजकर्ता थे—जेम्स पारकिन्सन। सिद्धान्त वाले सज्जन इंग्लैण्ड के एक इतिहासकार और पब्लिक एडमिनिस्ट्रेशन यानी लोक प्रशासन के विशेषज्ञ थे और 'व्याधिवाले' सज्जन थे एक ब्रिटिश फिजिशियन और सर्जन सी.एन. पारकिन्सन। इनका काल था 1909 से 1993 तक, जबकि जेम्स पारकिन्सन 1755 में जन्मे और 1824 में स्वर्गवासी हुए।

अब सवाल यह उठता है कि दोनों में क्या समानता है, या सचमुच समानता है भी या नहीं? इसके लिए हमें पारकिन्सन सिद्धान्त और पारकिन्सन व्याधि के बारे में कुछ बुनियादी जानकारी जरूरी है, तभी हम इन दोनों बातों का मजेदार और वास्तववादी रिश्ता समझ पाएँगे।

पहले पारकिन्सन सिद्धान्त की बात करते हैं। सी. नॉर्थकोट पारकिन्सन जी ने ब्रिटिश सिविल सर्विस का विस्तृत अध्ययन किया और उसमें आए अनुभव के आधार पर ये निष्कर्ष निकाला कि जब हमारे पास बहुत सारा समय होता है और उस हिसाब से काम यानी 'वर्क' कम रहता है तो हम उस छोटे से काम को जानबूझकर, बिना कोई लॉजिक या

जरूरत, इतना बढ़ा-चढ़ा लेते हैं कि उस काम को करने में पूरा उपलब्ध समय लग जाए। 'वर्क एक्सपाण्ड्स सो एज टु फिल अप दी टाइम अॅवेलेबल फॉर इट्स कम्प्लीशन!' उन्होंने ये भी देखा कि 'वी लाइक टु मल्टीप्लाय विद सबॉर्डिनेट्स, नॉट राईवल्स' यानी स्वभावतः हम हमेशा हमारे पास अधीनस्थों की फौज चाहते हैं लेकिन हमारे सम-पद का व्यक्ति नहीं (क्योंकि उससे हमारा महत्त्व कम हो जाता है) और प्रायः यह देखा जाता है कि कर्मचारी एक-दूसरे के लिए काम 'निर्माण' करते हैं। (चाहे उसकी सचमुच जरूरत ही न हो!) उन्होंने यह भी देखा कि इंग्लैण्ड का 'ओवरसीज एम्पायर' का महत्त्व–ब्रिटिश साम्राज्य का महत्त्व, उस वक्त कम होता गया जब उपनिवेशों में काम करनेवाले कर्मचारियों की संख्या बढ़ती गई! कहते हैं कि पारकिन्सनजी ने एक बार ऐसा 'प्रेडिक्ट' किया था–भविष्य का अनुमान लगाया था कि एक दिन ऐसा आएगा कि रॉयल नेवी यानी जलसेना में जहाजों की तुलना में ऍडमिरल्स ही ज्यादा होंगे। एक नागरिक के नाते जब हम इस पारकिन्सन सिद्धान्त को देखते हैं तो इसमें कितना व्यंगात्मक परन्तु कड़वा सच छिपा है, इसका अन्दाजा हो जाता है।

संक्षिप्त में प्रशासन में, दफ्तरों में, संस्थाओं में काम कम, पर समय खूब ज्यादा और कर्मचारीगण उससे भी ज्यादा, ऐसा दृश्य कई जगह देखने को मिलता है।

अब बात करते हैं पारकिन्सन व्याधि की। ये एक गम्भीर बीमारी होती है। श्रीमान जेम्स पारकिन्सन ने, जो एक डॉक्टर और सर्जन थे, कई ऐसे बीमार देखे जिनको लकवा या पक्षाघात हुआ था, और फिर जाना कि ये एक 'सेन्ट्रल नर्वस सिस्टीम' की व्याधि थी जिसमें व्यक्ति शारीरिक हालचाल और बोलने की क्षमता खो देता है–'मोटर स्कील और स्पीच'– उसके स्नायु 'रिजीड' यानी कड़े हो जाते हैं या उनमें थरथराहट या कम्पन आ जाता है और सभी शारीरिक गति और चाल अति धीमी हो जाती है। ये व्याधि मुख्यतः मस्तिष्क में जो डोपमाईन नामक रसायन बनता है

उसकी कमी से आती है। संक्षिप्त में 'ब्रेन' में बायो-केमिकल बदल जाने से ये सब होता है। ये बीमारी कभी जेनेटिक, कभी ड्रग्स से, टॉक्सीन बढ़ने से या सिर के हुए गम्भीर जख्मों से भी आ सकती है। कहते हैं, दुर्भाग्य से इस व्याधि का कोई स्थायी इलाज नहीं है! पेशेंट को किसी-न-किसी तरह हमें सिर्फ 'मैनेज' करना पड़ता है।

चलो! अब पारकिन्सन लॉ और पारकिन्सन डिजीज में कुछ समान धागा, समान रिश्ता ढूँढ़ने की कोशिश करते हैं। इस व्याधि का कारण हमने देखा डोपामाईन की कमी है। यदि हम किसी महकमे को, दफ्तर को, संस्था को एक कार्पोरेट 'व्यक्ति' मान लें (और कानून की नजर में ऐसा होता भी है) और उसकी काम में दिलचस्पी, जनता की सेवा करने की इच्छा, समर्पण भाव आदि को एक 'रसायन' समझ लें, तो जब ये 'रसायन' कम हो जाता है तो उस संस्था में एक तरह का धीमापन, कठोरपन, कम्पन, जनता से संवादहीनता और हर काम में देरी, बेमतलब की फॉर्म्यालिटीज़ और प्रोसीजर्स यानी प्रक्रियाएँ आ जाती हैं और वो पूरा महकमा एक तरह से इस पारकिन्सन व्याधि से ग्रस्त हो जाता है। यानी कि जिस संस्था में आप पारकिन्सन का सिद्धान्त (Parkinson's Law) पनपता देखेंगे, समझ लो कि उस संस्था को पारकिन्सन व्याधि यानी पक्षाघात, लकवा हो गया है!!

क्या इस संस्थागत व्याधि का कोई भी स्थायी इलाज नहीं है? क्या जनता को ऐसी रोगी संस्था को सिर्फ बर्दाश्त ही करना पड़ेगा?—ये सोचने की बात है!

एक उद्यमी की रेसिपी

कभी-कभी ऐसा होता है कि हम लायब्रेरी से बिना तरतीब यानी 'एटरॅन्डम' कोई पुस्तक सिर्फ इसलिए ले आते हैं कि उस पुस्तक का शीर्षक हमें कुछ 'हटके' यानी 'अन्यूजअॅल' लगता है। मेरे साथ कुछ ऐसा ही हुआ। मेरी नजर 'इडली आर्किड आणि मी' यानी 'इडली आर्किड और मैं' इस मराठी पुस्तक पर पड़ी, और इस अजीब टाइटल ने मुझे उसकी तरफ खींच लिया। पुस्तक के पन्ने पलटने के पहले मैंने मन-ही-मन सोचा–'इडली एक खाने का साऊथ-इंडियन पदार्थ और आर्किड यानी विशेष जाति के फूलों वाले पौधे। इन दोनों का आपस में क्या सम्बन्ध होगा? और लेखक ये दो बिलकुल भिन्न वस्तुएँ एक साथ क्यों बता रहा है?' मेरी उत्सुकता का समाधान पुस्तक की प्रस्तावना पढ़ने से तो हो गया। इतना ही नहीं, एक उद्यमी शख्स की चुनौती भरी जिन्दगी का दर्शन एक मनोरंजक आत्मकथा के रूप में देखने को मिला। विट्ठल व्यंकटेश कामत नामक शख्स ने होटल व्यवसाय में पदार्पण कर छोटे से साऊथ इंडियन रेस्तोराँ से शुरुआत कर अपने कामत रेस्तोराँ की विशाल शृंखला कैसे स्थापित की, सारे यूरोप में अपनी मशहूर इडली को 'इंडियन राइस पुडिंग' इस नाम से कैसे विशेष पहचान दी, इतना ही नहीं सारे एशिया खण्ड में अपने 'ऑर्किड' नामक पंच-तारांकित यानी फाइव-स्टार होटल को सर्वोत्तम 'पर्यावरणवादी' होटल का सम्मान दिलाया–इन सब घटनाओं

की 'थ्रिलिंग' दास्तान बड़ी विनम्रता से, स्पष्टवादिता से, ईमानदारी से और बड़े मनोरंजक तरीके से ऐसे बयान की है कि एक बार पुस्तक हाथ में ले लो तो पाठक उसे खत्म किए बिना नहीं रह सकता।

मुझे इस पुस्तक की दो बातें बहुत भा गईं। एक कामत जी का संघर्षमय जीवन और दूसरी अपनी कहानी बताते-बताते एक उद्यमी आदमी के लिए अत्यन्त आवश्यक बातों की पाठक को दी गई समझ। (इस पुस्तक के कई भाषाओं में संस्करण उपलब्ध हैं जैसे–अंग्रेजी, गुजराती, तेलुगू आदि। अंग्रेजी शीर्षक है–"इडली, आर्किड एंड विल पॉवर)।"

कुछ महत्त्वपूर्ण रोचक बातें जो इसमें बताई गई हैं वो इस प्रकार हैं। किसी भी 'आंत्रप्रनर' यानी उद्यमी को इन्हें आत्मसात करना चाहिए। इतना ही नहीं, हम यदि 'आंत्रप्रनर' नहीं भी हों तो भी हमारे जीवन में अनुसरण करने लायक बहुत 'मसाला' इस छोटी-सी पुस्तक में है। चलो! देखते हैं, हम इस ग्रन्थ से क्या-क्या सीख सकते हैं।

1. 'आंत्रप्रनर' वो होता है जो 'जोखिम' उठाकर व्यवसाय करता है। सिर्फ बाप-दादा का धन्धा, व्यापार आगे चलानेवाला इन्सान नहीं। **'उद्यमेन हि सिध्यन्ति कार्याणि, न मनोरथ।'**–ये संस्कृत कहावत उस पर सौ फीसदी लागू होती है।
2. 'आंत्रप्रनर' होने के लिए सात अहम बातों की जरूरत होती है–कुछ अलग कर दिखाने की जबरदस्त इच्छा-शक्ति, चमकदार कल्पना, नाविन्य यानी नएपन की चाह, कोई योग्य गुरु और मार्गदर्शक, ध्येय, आत्मविश्वास और भविष्य यानी आगे क्या होने वाला है इसकी दृष्टि। अपने व्यवसाय में इन सभी बातों पर उसे ध्यान केन्द्रित करना है।
3. कामयाबी की चाबी तीन 'डी' में है–डिटरमिनेशन, डेडीकेशन और डिसिप्लीन यानी दृढ़-निश्चय, लगन या समर्पण और अनुशासन। (चौथी डी यानी 'डेस्टिनी' यानी भाग्य साथ दे तो सोने पे सुहागा!)

4. 'व्यापार और धन्धा' और 'ईमानदारी' कभी एक साथ नहीं चल सकते–ये एक अत्यन्त गलत धारणा है इसकी समझ।
5. आप किसी भी व्यवसाय में क्यों न हों अपने स्ट्रांग पॉइन्ट्स, वीक पॉइन्ट्स, ऑपोरच्युनिटीज़ और थ्रेटस् जरूर पहचानो। यानी आपकी मजबूत बातें क्या हैं, आप कहाँ कम पड़ रहे हो, आपको उन्नति के क्या-क्या अवसर उपलब्ध हैं और कहाँ चुनौती या डर है–संक्षिप्त में स्पष्ट विश्लेषण।
6. अपने ग्राहक के मानसशास्त्र यानी साइकोलोजी को समझो, उसी से कामयाबी आती है–सिर्फ गल्ले पर बैठने से काम नहीं चलता!
7. अपने धन्धे में एक बार 'कम्फर्ट जोन' में पहुँचने के बाद यानी धन्धा अच्छा-खासा जम जाने के बाद लोग आराम फरमाने लगते हैं, ये गलत है। कम्फर्ट जोन धोखे का सिग्नल कई बार साबित होता है। (इसे अंग्रेजी में "डू नॉट रेस्ट ऑवर युवर ओअर्स" भी कहते हैं।)
8. लेखक ने सबसे बड़ी बात जो कही है वो ये है कि सिर्फ मालिक मक्खन/मलाई खाए और अधीनस्थ भूखे रहें, ये व्यावसायिक और नैतिक दोनों ही दृष्टि से गलत है। मालिक के साथ-साथ सभी अधीनस्थों का भी विकास होना चाहिए। इस सम्बन्ध में एक नई कल्पना, नई व्याख्या–कामयाबी की–दी गई है। वो है 'सक्सेस ट्रॅन्गल' यानी कामयाबी का त्रिकोण! मतलब ये कि 'सफलता की सीढ़ी' ये वाक्प्रचार इतना सही नहीं है क्योंकि आप तो एक-एक पायदान चढ़कर ऊपर पहुँच जाते हो पर 'बेस' यानी तल या नींव का आकार वहीं रहता है। इसलिए व्यवसाय में शनैः-शनैः जो उन्नति होती है वो छोटा त्रिकोण, फिर बड़ा त्रिकोण, फिर और बड़ा त्रिकोण ऐसी होनी चाहिए–इसमें मालिक की उन्नति के साथ नींव यानी अधीनस्थ भी लाभान्वित होते हैं और 'फाऊंडेशन'–नींव मजबूत होती जाती है।

तो ये है अति संक्षिप्त में इस वंडरफुल पुस्तक का सार। असली मजा पूरी पुस्तक पेज-टु-पेज पढ़ने में है क्योंकि जो भी सिद्धान्त यहाँ प्रतिपादित किए हैं उन सबको अपने जीवन के असली अनुभवों से, उदाहरणों से लेखक ने समर्पित किया है। साथ-साथ इन्सान अपनी की हुई गलतियों से, कटु अनुभव से, भोलेपन में मिले धोखे से भी कितना सीख सकता है इन सबका ये रोचक वर्णन है। एक स्वादिष्ट व्यंजन ही है ये पुस्तक!! उद्यमियों के लिए, खासकर एक बढ़िया पाठ्यपुस्तक!

बुल-फाइटिंग आती है क्या?

दोस्तो! मेरा शारीरिक फिटनेस न बुल-फाइट के लायक है, न मैं कभी मॅटॅडोर (सांड से लड़ने वाला) था, न मुझे इस कला में कोई प्रशिक्षण है, न मैं कभी इस खेल को देखने स्पेन गया हूँ! लेकिन सिविल सर्विस में रहते एक बिलकुल अलग तरीके की बुल-फाइटिंग के बारे में मुझे एक प्रशिक्षण कोर्स में जानकारी मिली जिसके बारे में ये निम्नलिखित पंक्तियाँ हैं। मुझे जिन्दगी में ये ज्ञान काफी काम आया है। आप भी 'ट्राई' करके देखिएगा!

'बुल' शब्द का अर्थ 'सांड' तो है ही, पर शब्दकोश इसके अन्य अर्थ भी बताता है जैसे–'नॉनसेन्स', 'ॲब्सर्डली इल्लोजिकल स्टेटमेंट' इत्यादि। अंग्रेजी में 'ए कॉक एंड बुल स्टोरी', 'बुल-शिट' जैसे वाक्प्रचार इसी अर्थ की छटाओं पर आधारित हैं। बुल-फाइटिंग की जिस कला के बारे में यहाँ बात हो रही है वह इन्हीं अर्थों से सम्बन्धित है। ये मनोविज्ञान पर आधारित है और हमें अपनी मानसिकता, हमारी समस्याओं, हमारे तनावों, हमारा गुस्सा, हमारा वैमनस्य, हमारा डिप्रेशन, हमारी निराशा इन सबको एक नई दृष्टि से देखने को सिखाती है, इनसे निजात देती है और दैनंदिन जीवन में सुख और सुकून लाती है। एक अमेरिकन चिन्तक अलबर्ट एलिस के 'आर.ई.बी.टी.' यानी 'रैशनल इमोटिव बिहेवियर थ्योरी' पर ये आधारित है। चलें, इसकी सर्वप्रथम ए.बी.सी.डी. जान लें।

इस थ्योरी में 'ए' का मतलब है–'एक्टीवेटिंग इवेंट'। यानी जो कुछ हमें होता है, जो कुछ हम करते हैं। यह हर समस्या का स्टार्टिंग पॉइन्ट है। 'बी' का अर्थ है–'बिलिफ सिस्टीम'–यानी हमारी धारणाएँ, हमारे संस्कार, हमारे पूर्वग्रह–संक्षिप्त में हमारी सोच, हमारा घटनाओं को देखने का चश्मा। 'सी' का मतलब है–कांसिक्वेंसेस यानी नतीजा, परिणाम। 'डी' की तरफ थोड़ी देर बाद जाएँगे। हमारी क्रियाएँ, हमारा बर्ताव, हमारे अनुभव, हमारे चारों तरफ घटनेवाली घटनाएँ, ये सब हमारी 'बिलीफ सिस्टीम' से फिल्टर होकर गुजरती हैं और परिणामतः 'सी' पॉइन्ट पर हम अक्सर दुख, गुस्सा, निराशा, जलन आदि महसूस करते हैं। हमारे दिमाग में जो 'बुल'–सांड–बैठा रहता है उससे हम लड़ नहीं पाते। ये बुल कई रूपों में हमारे व्यक्तित्व में ठान लगाए जमा रहता है और हमारे लिए 'न्युसन्स' यानी परेशानी का कारण रहता है–जैसे हमारी अपने बारे में गलत धारणाएँ, न्यूनगण्ड, दूसरों के प्रति बढ़ती अपेक्षाएँ आदि। बुल-फाइटिंग की ये मनोवैज्ञानिक कला हमें यही सिखाती है कि इस सांड से कैसे लड़ा जाए, इसे कैसे हराया जाए, काबू में कैसे लाया जाए और इसके लिए इस सिद्धान्त का 'डी' तत्व जानना जरूरी है। और वो है–डिटेक्ट–ढूँढ़ निकालो, डिबेट–यानी समस्या से वाद-विवाद करो, विश्लेषण करो, और 'डिस्क्रीमिनेट' यानी सच और झूठ में, कल्पना और तथ्यों में, 'वेरिफाएबल' और 'नॉन-वेरिफाएबल' में फर्क समझो, ताकि अन्ततः आप 'ई' यानी 'इफेक्ट'–अर्थात् अच्छा इफेक्ट–तक पहुँच सको, जिससे मन शान्त हो, और सुकून मिले। 'बुल-फाईटिंग' का उद्देश्य ये विश्लेषण की कला–ॲनॅलेटिकल ॲबिलिटी–सिखाना ही है।

ये पूरा विषय एक छोटा-सा उदाहरण देकर समझाता हूँ। एक पढ़ा-लिखा, होशियार, नौकरी करनेवाला नौजवान है। उसे आनन्द कहेंगे। स्वभाव का वैसे तो अच्छा है, पर दिमाग में कई 'सांड' लिये रहता है और इसलिए आनन्द का नाम होते हुए भी अक्सर मुँह लटकाए हुए या गुस्से में ही दिखता है! एक दिन सवेरे जल्दी-जल्दी नाश्ता करके दफ्तर के लिए वो निकल पड़ता है। उसी समय उसकी माँ उसे कहती है–"बेटा! रास्ते

में मेरी सहेली का घर है, जरा ये पैकेट उसे दे देना!" अब ये कोई गलत बात है? पर नहीं, आनन्द गुस्से में चिल्ला पड़ता है–"क्या माँ, तुम्हें इतना समझ में नहीं आता कि मुझे कितनी देरी हो गई है, क्यों आए ऐसे दिन तंग करती हो?"...ऑफिस में पहुँचने पर टेबल पर बॉस से वापस आई फाइल उसके चेहरे का रंग ही उड़ा देती है। बॉस की उसके नोट-शीट पर बड़ी तीखी कॅमेन्ट्स रहती है। आनन्द दुखी होता है–'मैं सचमुच निकम्मा हूँ! आई एम गुड फार नथिंग!' दोपहर को लंच रूम में उसे खबर लगती है कि उसके ही विभाग में कार्यरत उसके सह-कर्मचारी का फॉरेन प्रोजेक्ट के लिए चयन हुआ है। उसे जलन होने लगती है। "ये रमेश बड़ा उस्ताद है, बॉस की हमेशा चमचागिरी करता है!"

आनन्द इस तरह का जो गुस्सा, दुख और जलन महसूस करता है ये बड़ी आम घटनाएँ हैं–हम सब इन्हें अनुभव करते हैं। नथिंग अनूयुजअल! ऊपर लिखी हुई कहानी में आनन्द को कुछ होता है, या वो कुछ करता है; ये घटनाएँ उसकी धारणाओं से फिल्टर होकर गुजरती हैं और परिणामतः वो गुस्से का, दुख का, जलन का शिकार हो जाता है। ये हैं इस कहानी के 'ए', 'बी' और 'सी' एलिमेंट्स। लेकिन आनन्द यदि 'डी' तत्व का सहारा लेता है यानी अपने प्रॉब्लम्स ढूँढ़ निकालता है, उसका सच्चा-झूठा खोजता है और सारी घटनाओं का निष्पक्षता से विश्लेषण करता है या अपने दिमाग के सांड से लड़ता है–तो निश्चित ही उसके लिए अच्छा है। मन की शान्ति के लिए ये 'बुल-फाइटिंग' बहुत जरूरी है। आनन्द को 'सेल्फ-टॉक' यानी अपने आपसे इस तरह बात करना जरूरी है–मैं आज सवेरे माँ पर गुस्सा क्यों हुआ? ऑफिस जाने में देरी मैंने खुद ही लेट उठकर की थी। नहीं तो नाश्ता मुँह में क्यों ठूँसना पड़ता? माँ ने यदि मुझे कुछ काम करने को दिया तो ऐसी कौन-सी गलती उसने की? क्या यह सच है कि वो हमेशा मुझे लास्ट मिनिट पर काम देती है? पिछले छह माह में ऐसा कितनी बार हुआ? और एक माँ के नाते क्या उसका मुझ पर कुछ भी अधिकार नहीं है? वगैरह। अपने बॉस के बारे में आनन्द

सोचता—अन्ततः बॉस वो है या मैं? उसे यदि मेरी रिपोर्ट में कुछ खामी लगी तो वो क्यों नहीं वैसा लिखेगा? क्या मैं इतना बेकार हूँ? क्या मैं अपनी गलतियाँ सुधारकर फाइल 'री-सबमिट' नहीं कर सकता? रमेश के बारे में आनन्द सोचेगा—ठीक है! शायद अगली बार मेरा भी नम्बर लग जाएगा! लेकिन उसे बॉस का 'चमचा' कहना कहाँ तक उचित है? क्या मुझे उस पर ऐसा लांछन लगाना चाहिए? मेरे पास क्या सबूत है, क्या वेरिफाइड फैक्ट्स हैं? क्या ये 'प्युअर एंड सिम्पल' मेरी जलन नहीं है? इत्यादि। इस तरह का विस्तृत विचार मन्थन करने के बाद आनन्द की सोच में निश्चित परिपक्वता—मैच्योरिटी आएगी। अपनी तुरन्त प्रतिक्रियाओं पर (नी-जर्क रिएक्शंस पर) उसका नियन्त्रण आएगा। मन के सांड से लड़ने का ये कितना बड़ा फायदा है। बस यह कला आत्मसात करनी चाहिए—इसकी ये ए.बी.सी.डी. सीख कर! अलबर्ट एलिस इसे "ए रोड टु मेंटल हेल्थ एंड हैपीनेस" कहते हैं। वे कहते हैं—ये काम आसान नहीं है, इसके बावजूद भी जिन्दगी में मायूसी, गुस्से के क्षण आते रहेंगे, हम आखिरकार मानव जो ठहरे! पर कम-से-कम हम इतना जरूर बुल-फाइटिंग से सीखेंगे कि हमारी मनोदशा को तुरन्त सही रास्ते पर हम ला सकेंगे! ये भी क्या कम है? एलिस साहब ने एक विस्तृत सूची भी दी है जिसमें हमारे जहन में रहनेवाले कई संस्कार, कई गलतफहमियाँ दर्शाई गई हैं, जैसे—मैं सबको अच्छा लगना चाहिए, मैं अपने संस्कार बदल नहीं सकता, मेरा अपनी भावनाओं पर काबू नहीं है, जब तक सब बातें 'अनुकूल' ना हों, मैं काम कर ही नहीं सकता, गलतियाँ हो जाएँ मुझमें तो भूचाल आ जाता है, जिन्दगी के कठिन दौर का सामना करने से उसे टालना ही (अवॉइड करना) अच्छा है, वगैरह-वगैरह। ये सब 'इर्रैशनल थॉट्स' हैं, ये ही हमारे जीवन के 'सांड' हैं, हमारे कमजोर क्षणों का ये गैर फायदा उठाते हैं। ऐसे सांडों को सिंग पकड़कर पटकना चाहिए, पछाड़ना चाहिए। ये एक कठिन 'कला' है! पर जरूरी है!

अर्जुन की दुविधा

''आज तू बड़े सीरियस मूड़ में है? बात क्या है?''–प्रोफेसर कृष्ण शास्त्री अचानक अपने प्रिय छात्र अर्जुन के कमरे में आकर बोले। ''कुछ नहीं, कुछ नहीं, सर!'' अर्जुन बोला।

''नो-नो, कुछ तो बात है, यू आर हाईडिंग समथिंग फ्रॉम मी–तुम मुझसे कुछ छिपा रहे हो!'' शास्त्री जी बोले।

''सर! आज हमारा प्रशिक्षण का आखिरी दिन है। कल ये प्रशिक्षण केन्द्र छोड़कर तुरन्त अपनी पोस्टिंग पर जाना है। इसलिए शायद अर्जुन सीरियस मूड़ में है। पता नहीं उसकी 'सुभद्रा' उरो भूल जाएगी तो क्या होगा?''–अर्जुन के रूममेट रमेश ने हँसते-हँसते अर्जुन को छेड़ते हुए कहा।

''सर! ये रमेश कुछ ऊटपटाँग बक रहा है। ऐसी कोई बात नहीं है। शी इज अवर वेरी गुड फ्रेंड एंड विल रिमेन सो–हमारी दोस्ती कायम है। मैं तो किसी और ही समस्या में उलझा हूँ–हमारी जॉब के बारे में।''–अर्जुन ने प्रोफेसर साहब को बताया।

शास्त्रीजी ने पूछा–''बोलो, बोलो प्रॉब्लम क्या है? आर यू फीलिंग नर्वस अबाउट द जॉब?''

''सर! आप कृपया ये दो जिरोक्स पन्ने पढ़िए। इसमें मैनेजर या प्रशासक की दुविधा के बारे में बहुत सारी बातों की सूची दी है, और अन्त

में पूछा है–'आप किस तरह का प्रशासक, यानी एडमिनिस्ट्रेटर बनना चाहोगे?' मैं इसी का जवाब ढूँढ़ने में लगा हूँ और 'कन्फ्युज्ड' हूँ। मेरी परेशानी की ये वजह है।''–अर्जुन ने सही कारण बताया।

प्रोफेसर साहब ने वो पन्ने पढ़े, मुस्कुराए और बोले–''अर्जुन, तुमने इस विषय को इतनी गम्भीरता से लिया, ये ही बड़े सन्तोष की बात है। कई अन्य छात्रों ने तो ये कागज बिना पढ़े ही रख दिए होंगे, आई एम श्योर! क्यों रमेश?''

रमेश क्या बोलता? उसने तो 'बाद में पढ़ेंगे यार!' कहकर वे कागज इधर-उधर कहीं डाल दिए थे!...

क्या था उन दो कागजों में? आइए, देखते हैं। उनमें लिखा था–एडमिनिस्ट्रेटर हमेशा एक दुविधा में रहता है। ये एक अजीब 'डायलेमा' है–पर इसका हल हरेक को अपना-अपना निकालना है। जैसे–

1. यदि वह कभी सबेरे ऑफिस लेट पहुँचता है तो लोग कहेंगे–ये अपनी पोजीशन का फायदा ले रहा है–बॉस है ना!

   यदि वह हमेशा बिलकुल वक्त पर जाता है तो लोग कहेंगे–''अभी नया-नया है, कुछ मालूम नहीं, बच्चा है!''
2. यदि वह हर हफ्ते मीटिंग बुलाता है तो उसके पास अपनी कोई आइडियाज़ नहीं हैं, यदि मीटिंग नहीं लेता है तो उसे टीमवर्क क्या होता है, ये मालूम नहीं है।
3. यदि वह अपने बॉस के साथ काफी समय गुजारता है तो वह 'मक्खन' लगा रहा है, यदि नहीं, तो ''शायद बॉस उस पर खुश नहीं है!!'' (''इसके जाने का समय आ गया भैय्या!'')
4. यदि वह सब काम खुद करता है तो उसका किसी पर विश्वास नहीं है, यदि वह काम का 'डेलिगेशन' करता है–दूसरों को सौंपता है तो वह आलसी है।

5. यदि वह अधीनस्थों से 'फ्रेंडली'–दोस्ताना-व्यवहार करता है, तो वह 'राजनीति' खेल रहा है, नहीं तो वह 'स्नॉब' या घमंडी है!
6. यदि वह कोई निर्णय तुरन्त लेता है तो अविचारी है, तुगलकशाही करता है, यदि नहीं लेता तो उसकी निर्णय क्षमता कच्ची है!
7. यदि वह ज्यादा स्टाफ की माँग करता है तो वह अपना 'साम्राज्य' बढ़ाना चाहता है, यदि ऐसी माँग नहीं करता तो वह अपने वर्तमान स्टाफ को '24 घंटे के गुलाम' समझता है।
8. यदि वह लोगों की समस्याओं को तुरन्त सुलझाने के लिए कुछ शॉर्टकट अपनाता है तो उसे निहित प्रक्रिया यानी 'प्रिसक्राइब्ड प्रोसिजर' का आदर नहीं है, और यदि वह 'रूल' के अनुसार ही जाता है तो वह एक कट्टर 'ब्युरोक्रेट' है!...

उस दो पन्ने वाले आलेख में ऐसे कुछ और भी उदाहरण दिए गए थे और आखिर में प्रशिक्षणार्थियों से पूछा था–''बोलो! आप किस किस्म का अधिकारी बनना चाहोगे?'' और यही सब सवाल अर्जुन की परेशानी की वजह थी। हम सब ऐसे अर्जुन हमारी जिन्दगी में बनते रहते हैं। क्या इस सवाल का कोई एक निश्चित हल है?...

देखते हैं प्रो. शास्त्रीजी, जो खुद प्रशासन और प्रबन्धन पढ़ाते हैं, क्या कहते हैं–

''अर्जुन और रमेश तू भी सुन! हमेशा अपनी विवेकबुद्धि, अपनी अन्तरात्मा, अपनी ईमानदारी, अपनी काम और कर्मचारियों के प्रति आस्था और जनता को सही और सच्ची मदद करना–इन बातों को सर्वोच्च प्रधानता दो। यदि तुम्हारा दिल साफ है, मकसद पाक है तो लोग क्या कहेंगे इससे क्यों डरते हो? मेरा आशीर्वाद तुम दोनों को है!''

–इतना कहकर प्रोफेसर कृष्ण शास्त्री साहब ने अर्जुन को गले लगाया और चले गए।

रमेश ने मुस्कुराते हुए अर्जुन से हाथ मिलाया और कहा– "अर्जुन! थैंक्यू वेरी मच, तुम्हारे कारण मुझे आज बहुत कुछ सीखने को मिला!"...

और वे दोनों गुनगुनाने लगे–

"कुछ तो लोग कहेंगे! लोगों का काम है कहना!!..."

ग्लॉस्टर की झलकियाँ

(नोट—अच्छी बातें सीखने की कोई उम्र नहीं होती, आप अच्छी बातें कभी भी, किसी से भी, कहीं भी, सीख सकते हो। ये मैंने अपने इस अनुभव से सीखा।)

बात काफी पुरानी है पर स्मृति-पटल पर आज भी ताज़ा लगती है। उस समय मैं 39 साल का था पर सीखने की कोई उम्र नहीं होती। 1981 में मुझे संयुक्त राष्ट्र संघ की शिष्यवृत्ति (UNO Fellowship) से तीन माह के लिए इंग्लैण्ड में प्रशिक्षकों का प्रशिक्षण (Training of Trainers) नामक अभ्यास क्रग में शरीक होने का सौभाग्य प्राप्त हुआ। लंदन से 2.5 घंटे के रेल यात्रा के फासले पर स्थित ग्लॉस्टर (Gloucester) नामक शहर में डाक प्रशिक्षण केन्द्र में हमारा प्रशिक्षण था। रहने का इन्तजाम इंटरनेशनल यूथ सेन्टर में था जहाँ सारी मूलभूत सुविधाएँ उपलब्ध थीं। हम कुल आठ अफसर अलग-अलग देशों से इस कोर्स के लिए आए थे। मैं एक भारतीय, दो पाकिस्तान से, एक बांग्लादेश से, दो नाइजीरिया के, और एक-एक सायप्रस और सीरिया का। हमारा यह छोटा-सा अन्तर्राष्ट्रीय समुदाय यानी एक अनोखा अनुभव था। मैं पहली बार ही सात समुन्दर पार गया था। इन तीन माह के दौरान मैंने कई बातें सीखीं और मेरे व्यक्तित्व में कई बदलाव इस विदेश यात्रा से और इस प्रशिक्षण से आए।

हमारे होस्टल का मैनेजर बहुत मिलनसार था, लेकिन अनुशासन और होस्टल के नियमों के पालन के बारे में उतना ही सख्त था। उसकी एक मधुर खासियत यह थी कि वह हमें नाराज किए बिना या हमारी भावनाओं को प्रत्यक्ष दुखाए बिना अपनी बात कह देता था। कमरे में खाने-पीने की चीजें लाना मना था, लेकिन कभी-कभी हममें से कोई इस बारे में ज्यादा गम्भीर नहीं रहता था। जब मैनेजर को एक बार इस बात का 'सबूत' कमरे की दरी पर मिला तो शायद हमारी 'पहली गलती समझकर' उसने माफ कर दिया, लेकिन कमरे में एक कागज पर 'नो इटेबल्स् इन द रूम प्लीज' ऐसा सौजन्यपूर्ण सन्देश वह छोड़ गया।

हमारे लिए टेलीफोन का इस्तेमाल मुफ्त था, लेकिन उसका दुरुपयोग न करना हमारा दायित्व था। यह बात उसने एक बार टेलीफोन के पास एक सुन्दर फलक (Placard) रखकर बता दी। उस पर लिखा था–"व्हेन यू लिफ्ट द फोन, वी लिफ्ट द बिल!"

हमारे स्वास्थ्य का भी होस्टल में बहुत अच्छा खयाल रखा जाता था। मेरा तो पहले हफ्ते ही वहाँ का ठंडा, क्रीमयुक्त, शुद्ध दूध पीकर पेट खराब हो गया। (भारत में मेरा दूधवाला कभी भी ऐसा नहीं होने देता!) मैनेजर ने तुरन्त मेरे 'स्टमक-बगज्' के लिए दवा का इन्तजाम किया। मेरे अच्छी सेहत की जिम्मेदारी उसके ऊपर है यह सुनकर मुझे बहुत सुखद आश्चर्य हुआ। (एक बार मेरा पुत्र गुजरात के होस्टल में एक हफ्ता बीमार था लेकिन वॉर्डन को मेरे पुत्र को देखने के लिए, मेरे पुत्र के दोस्तों के बताने के बावजूद फुर्सत नहीं थी!)

हमारे फुर्सत के समय यह मैनेजर और उसकी मोटी पत्नी ड्राईंगरूम में आकर हम सबसे खूब घुल-मिलकर बातें करते थे। हम सबसे हमारे अपने-अपने विभिन्न देशों की जानकारी लेने में उनमें बहुत उत्साह था, उसी प्रकार इंग्लैण्ड के ऐतिहासिक स्थल, विम्बलडन खेल, प्रिन्स चार्ल्स की शादी की तैयारी, ऐसे अनेक विषयों पर दोनों पति-पत्नी खूब विस्तृत में,

उमंग और आनन्द से बोलते थे। उनका देशप्रेम सदैव उनकी आँखों में, बातों में, हाव-भाव में झलकता था।

ग्लॉस्टर के प्रशिक्षण केन्द्र के अनुभव भी मुझे बहुत कुछ सिखा गए।

पहले हफ्ते हम सबका केन्द्र के पदाधिकारियों से परिचय होने के बाद मैंने ब्रिटिश पोस्ट ऑफिस की विस्तृत जानकारी लेते समय हमारे प्रशिक्षक से उनकी तनख्वाह के बारे में पूछ लिया। शायद अनजाने में मैंने उनकी भावनाओं को ठेस पहुँचाई होगी। उन्होंने सिर्फ इतना कहा–"मुझे विदेशी अफसरों को पढ़ाने लायक समझा गया है यही मेरे लिए काफी है!" हमने भी बात वहीं छोड़ दी। शाम को हम सबके टेबल पर इस प्रशिक्षक के हाथ से लिखी हुई केन्द्र के सभी लेवल के अधिकारियों के वेतनमान की जानकारी हाजिर थी!

प्रशिक्षण के दौरान हमारा मुख्यालय ग्लॉस्टर का कॉलेज था, लेकिन वे हमें दो-दो, तीन-तीन दिन के लिए कारडिफ्, हॅरोगेट, रुग्बी आदि प्रशिक्षण संस्थानों में भी ले गए। एक बार हमने एक बालिश प्रश्न हमारे ग्लॉस्टर के अधिकारी को पूछा कि इन सभी प्रशिक्षण केन्द्रों में सबसे अच्छा कौन-सा है? जवाब आया–"अपने-अपने काम में सभी उम्दा हैं। सुपरवाइज़र ट्रेनिंग के लिए कारडिफ्, क्लर्क के लिए हॅरोगेट, अफसरों के लिए ग्लॉस्टर तथा रुग्बी और प्रशिक्षकों के लिए फिर से ग्लॉस्टर। हमें हमारे सभी केन्द्रों पर नाज है!"

एक बार मैं और मेरा बांग्लादेशी दोस्त बस चुक जाने के कारण क्लास में 15 मिनट देरी से पहुँचे। जैसे ही हमने "गुड मॉर्निंग सर" कहा हमारे प्रशिक्षक हँसते हुए बोले–"अब तो गुड आफ्टरनून का वक्त आ रहा है!" हम शर्मिन्दा हुए और उसके बाद कभी भी, एक मिनट भी लेट नहीं हुए। उस केन्द्र के मनोरंजक कार्यक्रम, हमें दी गई प्रिन्सिपल की दावत, आखिरी दिन की 'फेयरवेल पार्टी', ग्लॉस्टर के महापौर के साथ आयोजित चाय-पानी सभी बिलकुल समय पर हुए। हमें कभी भी किसी का इन्तजार नहीं करना पड़ा! और ये एक बहुत बड़ी बात है।

हमारा प्रशिक्षक और उसके कुछ अधीनस्थ हमें हर हफ्ते लंदन के डाकघर, आर.एम.एस. (रेल डाक सेवा) कम्प्यूटर सेन्टर आदि बताने ले जाते थे। साथ-साथ एक छोटी-सी पिकनिक भी हुआ करती थी। कभी विण्डसर किला, कभी चर्चिल की समाधि, शेक्सपियर की जन्मस्थली आदि-आदि। हर जगह ये लोग एक एक्सपर्ट गाइड की तरह हमें विस्तृत जानकारी देते थे। उनकी उनके देश के इतिहास में रुचि और जिस तरह सभी स्थलों का रख-रखाव था, ये दोनों बातें हमें बहुत भा गईं।

इन तीन महीनों की अवधि में मैंने प्रशिक्षण में व्यस्त रहने के बावजूद भारत को बहुत 'मिस' किया। सबेरे-शाम ब्रेड खाकर मैं उब गया। एक दिन जब मुझे मेरा पाकिस्तानी दोस्त अपने कुछ रिश्तेदारों के यहाँ ले गया और मुझे वहाँ जब तवा-रोटी और भजिए खाने को मिले तो मेरी खुशी गगन पर छा गई! मुझे याद है एक बार इतवार को मैं जब होस्टल में नाश्ते के बाद अकेला टेलीविजन देख रहा था, तो अचानक एक एशियन प्रोग्राम में) लता मंगेशकर को देखकर मेरी आँखों में आँसू आ गए थे!)थ्I sometimes missed my country so much!

प्रशिक्षण के आखिरी हफ्ते में प्रिन्सिपल महोदय ने उनके घर हमें रात्रि-भोज दिया। घर में, सबसे परिचय कराया, फोटो लिये और विदाई-गिफ्ट दी।

3 सितम्बर, 1981 को हम हमारा होस्टल छोड़, बस से हवाई अड्डे पर वापसी यात्रा के लिए पहुँचे। हम आठ में से हर एक को अपने-अपने प्रस्थान समयानुसार अपनी-अपनी फ्लाइट पकड़नी थी। मैं, मेरे दो पाकिस्तानी दोस्त और एक बांग्लादेशी दोस्त करीब-करीब आखिरी वक्त तक एक साथ थे। उन तीन महीनों में दिन-रात एक साथ रहकर हम एक-दूसरे में इतने घुल-मिल गए थे कि लगता ही नहीं था हम तीनों अब तीन अलग-अलग देशों के नागरिक हैं। इस बात का हमें कभी खयाल भी

नहीं आया। ग्लॉस्टर एक तरह से हमें अतीत में ले गया जब हम सब एक ही देश के रहवासी थे। एक-दूसरे को विदा करते वक्त हम सबके दिल में एक अजीब हलचल थी, स्नेह था जो शब्दों में बयान नहीं किया जा सकता। ग्लॉस्टर की यात्रा ने मुझे प्रशिक्षण और विदेश-दर्शन तो दिया ही, लेकिन इससे भी ज्यादा मुझे मेरे पुराने अखण्ड भारत की मनोरम, भावनात्मक, अविस्मरणीय झलक दिखलाई।

प्रबन्धन

(सरल भाषा में)

आप जब ये अध्याय पढ़ेंगे तो आपको लगेगा कि इसमें बताई गईं कई बातें आप इसी पुस्तक में पहले ही पढ़ चुके हैं। जी हाँ, यदि आपको ऐसा लगता है तो जरूर आप बधाई के पात्र हैं। क्योंकि इसका मतलब यही है कि आपने इस अध्याय के पूर्व आए अध्याय अच्छी तरह से पढ़े हैं। इसके लिए सचमुच आपको धन्यवाद!

अब वैसे तो आपका काम काफ़ी आसान हो गया है, लेकिन शत-प्रतिशत नहीं। कुछ बातें इस आखिरी अध्याय में जरूर होंगी जो शायद आप पहली बार पढ़ रहे हों। लेकिन घबराइए नहीं। मैंने इस अध्याय को भी काफी सरल भाषा में लिखने की कोशिश की है। और दूसरी बात ये कि Quantitative Techniques of Management को इसमें छुआ तक नहीं है। मैं भी जानता हूँ कि वह एक स्पेशल विषय है, कठिन है और काफी तकनीकी जानकारी वाला है। हम तो यहाँ प्रबन्धन की सिर्फ उन्हीं बातों पर विचार करेंगे जो सबके लिए जरूरी हैं, चाहे आप विद्यार्थी हो, गृहिणी हो, सामान्य नागरिक हो या सरकारी या बिन सरकारी महकमे में मुलाजिम हो। क्योंकि बेसिक मैनेजमेंट हरेक के लिए जरूरी है। और यही बात मैंने इस पूरी पुस्तक में बार-बार अनेक

उदाहरणों में बताने की, जताने की कोशिश की है। तो चलें, शुरुआत करें?

प्रबन्धक या पर्यवेक्षक के नाते हम जब किसी भी संगठन में काम करने लगते हैं, तब थोड़े ही दिनों में हमें यह महसूस होता है कि प्रबन्धक या पर्यवेक्षक का काम जितना हम शुरू में शायद सोचते हैं, उतना आसान नहीं है। हमें अपने आप में कुछ खामियाँ महसूस होती हैं; और ऐसा लगता है कि एक अच्छे और प्रभावशाली प्रबन्धक या पर्यवेक्षक बनने के लिए कुछ करना चाहिए। कुछ बातें उस सम्बन्ध में सीखनी चाहिए। वैसे देखा जाए तो मूलतः प्रबन्धक या पर्यवेक्षक में कोई खास फ़र्क नहीं होता है। अपने-अपने स्तर पर हर प्रबन्धक पर्यवेक्षक होता है और हरेक पर्यवेक्षक को कुछ-न-कुछ प्रबन्धन करना पड़ता है।

हर कार्यस्थल पर, हर महकमे में अलग-अलग स्तर पर प्रबन्धक और पर्यवेक्षक होते हैं। हो सकता है कि इनमें से कुछ में प्रबन्धन की जो विशेषताएँ होती हैं, वे पहले ही उनके व्यक्तित्व में हों, लेकिन कइयों में इनका अभाव भी नजर आता है। इसलिए बेहतर यही है कि प्रबन्धन के बारे में कुछ मौलिक जानकारी सभी को उपलब्ध हो। दूसरी बात यह है कि जो कुछ काबिलियत आदमी में नैसर्गिक नहीं होती है, उसे वह प्रशिक्षण के द्वारा काफी हद तक पा सकता है। किसी भी प्रशिक्षण में हमें Knowledge यानी ज्ञान, Skill यानी काम की कुशलता और Attitude यानी सही दृष्टिकोण, ये तीनों बातें सिखाई जाती हैं। अच्छे प्रबन्धन प्रशिक्षण में भी इन तीनों उद्दिष्टों का होना बहुत ज़रूरी होता है।

इस लेख का प्रमुख उद्देश्य प्रबन्धन के बारे में कुछ मौलिक जानकारी देना है। जहाँ तक कौशल का सवाल है वह तो इस मौलिक जानकारी का अपने-अपने जीवन में बार-बार इस्तेमाल करने से ही आता है; और सही दृष्टिकोण तो मूलतः अपने-अपने स्वभाव पर और व्यक्तित्व पर काफी हद तक निर्भर रहता है।

प्रबन्धन सम्बन्धी बुनियादी तत्व
(Basic Concepts of Management)

जैसा कि अभी बता चुके हैं, अच्छा प्रबन्धक या अच्छा पर्यवेक्षक होना, यह कोई आसान बात नहीं है, लेकिन किसी भी संगठन के हित में यही है कि उसके पास अच्छे प्रबन्धक और अच्छे पर्यवेक्षक हों।

कई बार यह देखा जाता है कि साधन (Resources) जैसे कि पैसा यानी Finance, सामग्री यानी Material, श्रम यानी Labour ये सभी होने के बावजूद अलग-अलग पर्यवेक्षक अलग-अलग नतीजे दिखलाते हैं। अच्छे और सही नतीजे दिखलाने वाले अच्छे प्रबन्धक या पर्यवेक्षक कहलाते हैं और गलत या बुरे नतीजे दिखलाने वाले असमर्थ प्रबन्धक या पर्यवेक्षक कहलाते हैं।

तो अब हम यह जान लें कि प्रबन्धन के मौलिक तत्व क्या हैं? एक बात यहाँ बताना आवश्यक है कि प्रबन्धन और पर्यवेक्षक ये दोनों शब्द एक ही अर्थ में यहाँ लेने के कारण अब आगे सिर्फ 'प्रबन्धक' ही शब्द इस्तेमाल किया जा रहा है।

किसी भी प्रबन्धक को कोई भी कार्योत्पादक काम यानी operative work खुद नहीं करना होता। प्रायः ऐसे सब काम उसे अपने अधीनस्थ (Subordinate) कर्मचारियों द्वारा ही कर लेने होते हैं, वह उनके काम की जाँच करता है, उन्हें मार्गदर्शन देता है और जरूरत होने पर कुछ हद तक प्रशिक्षण भी देता है।

अपने सभी कर्मचारियों का प्रबन्धक को एक तरह से नेतृत्व करना होता है और उनके दिल में काम के प्रति प्रेरणा उसे जागृत करनी पड़ती है। पुराने जमाने का केवल अधिकार के ऊपर आधारित नेतृत्व (Authoritarian Leadership) अब चलता नहीं है। उसी प्रकार केवल सज़ा और बख्शिश (Punishment & Reward) सिद्धान्त भी पर्याप्त नहीं होते हैं। हम अब मशीनीकरण युग में हैं, और अब नए-नए गणितीय

तरीके (Mathematical Concepts) नियोजन और निर्णय लेने में इस्तेमाल किए जाते हैं। हम किस तरह से बर्ताव करते हैं इसका भी एक विज्ञान है (Behavioural Science) और इनके आधार पर जो नतीजे निकले हैं उनको भी हमें ध्यान में रखना है। हमारे कर्मचारी अब ज्यादा संख्या में साक्षर हैं। अब उनकी आकांक्षाएँ भी काफी ऊँची हैं। फिर यह बात भी है कि किसी भी संगठन में औपचारिक (Formal) और अनौपचारिक (Informal) ऐसे अलग-अलग रिश्ते होते हैं और सबसे महत्त्वपूर्ण बात तो यह है कि कर्मचारी 'समूह' में एक बर्ताव बतलाते हैं और उनका व्यक्तिगत बर्ताव कुछ दूसरा होता है।

इन सभी बातों के कारण प्रबन्धक का काम काफी कठिन हुआ है। यदि ऐसा नहीं होता तो हमारी सभी समस्याएँ 'प्रमाणित आचार संहिता' (Standardized Code Book) के आधार पर आसानी से सुलझ जातीं।

प्रबन्धन में तीन मूल लक्षण (Basic Features) होते हैं :

1. **उत्तरदायित्व (Accountability) :** किसी भी संगठन में काम सुचारू रूप से और सही ढंग से चलाना है तो कार्य करनेवाले कर्मचारी तथा काम करवा लेने की जिम्मेवारी सम्भालने वाले पर्यवेक्षक इन दोनों को उनसे अपेक्षित कार्य और उनकी उससे सम्बन्धी जिम्मेवारियाँ, इसकी पूरी जानकारी होनी चाहिए ताकि न्यूनता या असफलता महसूस होने पर उस कर्मचारी से जवाब पूछा जाए। यह तभी हो सकता है जब सभी पर्यवेक्षकों को अपने-अपने विशिष्ट उद्देश्य और जिम्मेवारियाँ मालूम हों।
2. **विश्वास (Trust) :** यह विश्वास बहुत जरूरी है और पर्यवेक्षक और उसके अधीनस्थ इन दोनों में यह एक-दूसरे के प्रति होना चाहिए।
3. **पद्धति (System) :** प्रबन्धक जो भी निर्णय लेते हैं उनका आधार सिर्फ अन्तःप्रेरणाः (Intuition) नहीं हो सकता। किसी

भी संगठन में अच्छे निर्णयों का आधार पूरी और सही जानकारी : (Complete & proper information) ही हो सकती है।

इसी बात को यदि और विस्तार में कहा जाए, तो हम यह कहेंगे कि हरेक प्रबन्धक के लिए निम्नलिखित पाँच कार्य (Tasks) होते हैं :

- जिस संगठन में या संगठन के जिस विभाग में या उपविभाग में वह है उसका सही उद्देश्य निश्चित करना।
- जो भी काम उसके अधीनस्थ कर्मचारी करते हैं, उन सभी काम को उत्पादक (Productive) बनाना है। मतलब उस विशिष्ट उद्देश्य की दिशा में ही वह काम हो रहा है, यह देखना।
- कर्मचारियों में 'हमारा भी इस कार्यपूर्ति में कुछ योगदान है और यह योगदान अपने वरिष्ठों द्वारा स्वीकार किया है' यह भावना पैदा करना।
- काम का जो तर्कशास्त्र है उसमें और कर्मचारियों के तर्कशास्त्र में सामंजस्य होना चाहिए। (Harmonise the work logic with the worker's Logic) मिसाल के तौर पर मैं एक उदाहरण डाक विभाग का दूँगा, जहाँ मैंने नौकरी की। यहाँ 'रेल डाक सेवा' विभाग रहता है। इस विभाग का काम रात को भी चलता है। पर कौन रात को काम करना चाहेगा? इसलिए ऐसे ड्यूटी चार्ट बनाने पड़ते हैं कि किसी को भी सदैव रात पाली न मिले–रेलवे, मिल, कारखाने, अस्पताल, आदि सभी जगह ऐसे ही समन्वय साधना पड़ता है–Work Logic और Worker's Logic में।
- उस संगठन का समाज में क्या प्रभाव है, यह मालूम कर लेना और इससे अपने अधीनस्थ कर्मचारियों को भी अवगत कराना

क्योंकि प्रबन्धक के नाते हमें–ग्राहक को, कर्मचारियों को, सरकार को और समाज को–सभी को सन्तुष्ट रखना है। इन सभी की हमारे संगठन के कार्य और कार्य-पद्धति से अलग-अलग आशाएँ होती हैं। प्रबन्धक जब यह महत्त्वपूर्ण बात भूल जाता है तब गलत प्रबन्धन होता है यानी Mis-management.

प्रबन्धन की प्रक्रिया

प्रबन्धन की प्रक्रिया में चार प्रमुख बातें आती हैं :

1. नियोज़न (Planning)
2. संगठन (Organising)
3. प्रेरणा (Motivation)
4. नियन्त्रण (Controlling)

1. नियोजन (Planning) :

सबसे पहले हमें नियोजन के बारे में कुछ बातें जाननी हैं। संगठित ढंग से कोई भी काम शुरू करने से पहले हमारे सामने उद्‌देश्य साफ होने चाहिए। ये उद्‌देश्य बहुत ही स्पष्ट भाषा में हमारे पास होने चाहिए। यदि उद्‌दिष्ट धुँधली भाषा में हो तो हो सकता है, हमारे प्रयत्न भी धुँधले और गलत हों। या गलत दिशा में जाएँ। साफ उद्‌देश्य का एक सरल उदाहरण यहाँ मैं दे रहा हूँ।

जैसे कि सिपाही को बन्दूक का इस्तेमाल करना सिखाना है, तो सिर्फ 'बन्दूक चलाना आना' यह उद्‌दिष्ट काफी नहीं है। बन्दूक चलाने का प्रशिक्षण देने वाला जो प्रशिक्षक होगा, उसे और उसके प्रशिक्षणार्थी को यह मालूम होना चाहिए कि, किस तरह की बन्दूक होगी, उसकी रेंज क्या

होगी, किस पोजीशन में बन्दूक चलाई जाएगी और कितने बुलेट्स मारे गए और उनमें से कितने बिलकुल सही लक्ष्य पर मारे जाने होंगे और उसके लिए कितने दिनों की कितनी प्रैक्टिस आवश्यक होगी।

इससे यह जाहिर है कि निश्चित साध्य और अनिश्चित साध्य (sound objective & not sound objectives) इन दोनों में फर्क मालूम होना चाहिए।

एक बार उद्दिष्ट साफ होने के बाद हम उसे प्राप्त करने के लिए लगनेवाली सभी जानकारी इकट्ठी करेंगे और उस जानकारी को हमारे सामने रखते हुए यह देखेंगे कि, क्या हमारे उद्दिष्ट तक पहुँचने के लिए, एक ही मार्ग है या एक से अधिक हैं? यदि एक से ज्यादा हैं तो उन सभी मार्गों का तुलनात्मक अभ्यास करना होगा, ताकि सबसे अच्छा मार्ग जो हमारे लिए साबित हो उसी पर हम चलें। संक्षिप्त में हम यह कहेंगे कि किसी भी नियोजन में बहुत सारी क्रियाएँ (Activities) होती हैं और ये क्रियाएँ हमें हमारे उद्दिष्ट तक ले जाती हैं।

नीचे दिया गया रेखा-चित्र उस बात को स्पष्ट करेगा–

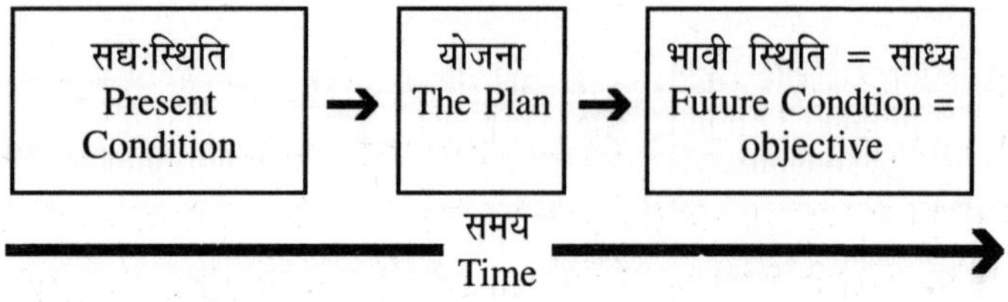

2. संगठन (Organisation) :

इसमें हम हमारे उद्दिष्ट तक पहुँचने के लिए जितने भी कार्य नियोजित करते हैं उनका हमारे अधीनस्थ कर्मचारियों में बँटवारा करते हैं और साथ-साथ हरेक की क्या-क्या जिम्मेदारियाँ हैं इसको भी स्पष्ट रूप देते हैं। जहाँ-जहाँ जरूरत हो, उचित हद तक अधिकार भी अधीनस्थ लोगों

को दिए जाते हैं और पूरे कार्य में अच्छा समन्वय हो इसलिए सभी को एक-दूसरे के साथ और प्रबन्धक के साथ काम के रिश्ते एक विशिष्ट ढाँचे में रख देते हैं।

3. प्रेरणा (Motivation) :

प्रबन्धन के प्रक्रम में इसका बहुत महत्त्व है। एक प्रबन्धक के नाते, आपको अपने ग्रुप का नेतृत्व करना होता है ताकि आपका खुद का उदाहरण देखकर आपके अधीनस्थ कर्मचारी भी दिल लगाकर काम करें, और अनुशासित (Disciplined) बर्ताव करें। उसके लिए आपका उनके साथ प्रभावशाली सन्देशवाहक (Communication) होना जरूरी है। उसी प्रकार आपकी यह जिम्मेवारी भी है कि आपके अधीनस्थों की प्रगति के लिए आप अपने संगठन में योग्य वातावरण बनाए रखें। इस विषय पर विस्तृत जानकारी आगे दी जाएगी। जैसे कि कहा गया है–"Management is the development of people rather than the direction of things."

"प्रबन्धन, यह चीजों का संचलन नहीं परन्तु मानवी मनों को प्रोत्साहित विकसन है।"

4. नियन्त्रण (Controlling) :

हमें कोई बार अनुभव होता है कि हमारा नियोजन/संगठन आदि बातें कागज पर तो बड़ी अच्छी दिखाई देती हैं लेकिन प्रत्यक्ष जीवन में कई तरह की कठिनाइयाँ, कई तरह की समस्याएँ, जिन्हें हम नियोजित करते वक्त न देख सकें, सामने आ जाती हैं और हमारा अपने उद्दिष्ट के प्रति जो सफर होता है, वह बार-बार रुक जाता है, और गाड़ी पटरी पर से उतर जाती है। इसीलिए प्रबन्धन में नियन्त्रण का बहुत महत्त्व है।

सतत नियन्त्रण रखने से गाड़ी फिर से सही पटरी पर रखने में मदद मिलती है और विलम्ब नहीं होता है। एक बार विलम्ब के कारण मालूम हो जाने पर हम कई तरह के दोष निवारक उपाय कर सकते हैं। डाक-विभाग का ही हम उदाहरण लें (जहाँ मैंने काम किया) तो हमें दिखाई देगा विशिष्ट अवधि के बाद किए जानेवाले निरीक्षण (Inspection), लेखा परीक्षण (Auditing), अचानक भेंट (Surprise Visit); कर्मचारियों के साथ मंत्रणा और विचार विनिमय; गलत काम करनेवालों के प्रति कार्रवाई आदि–ये सब बातें एक तरह से नियन्त्रण के ही अलग-अलग तरीके हैं। जैसा कि हम ऊपर बता चुके हैं, कोई भी अच्छा उद्दिष्ट हमेशा निश्चित और समयांकित (Specific & Time bound) होना चाहिए और ये अच्छे नियन्त्रण से ही सम्भव है।

निर्णय लेना (Dicision Making)

प्रबन्धन के बारे में पश्चिमी राष्ट्रों का सिद्धान्त है कि 'प्रबन्धन यानी निर्णय लेना।' हमारे बारे में यह कहाँ तक सत्य है? निर्णय लेना, यह भी एक प्रकार का निर्णय ही है। हम कई तरह से, निर्णय लेने की विधि को टालकर, अपनी जिम्मेदारियों से परे हो सकते हैं। जरूरत न होने पर भी बड़ी-बड़ी कमेटियाँ स्थापित करना, छोटी-मोटी बातों को भी Policy matter बताना, या सर्वेक्षण कराना या जिस समस्या पर निर्णय लेना है, उस प्रकार की 'कोई समस्या ही नहीं है' इस गलतफहमी में खुद को रखना या फिर अधीनस्थों को बेफिक्री से कह देना कि यह तुम्हारी समस्या है–इन कई तरीकों से निर्णय लेना टाला जा सकता है। या फिर कई बार ऐसा भी होता है कि जब तक वे समस्याएँ, जो हमारे सामने हैं, एक बड़े संकट का (Crises) रूप धारण नहीं कर लेतीं, तब तक हम उनकी तरफ देखते भी नहीं हैं और कभी-कभी तो नियन्त्रण के बाहर मामला हो जाने पर भी, उसके लिए 'अस्थायी हल' (Temporary

Solution) निकालते रहते हैं। ऐसी पद्धतियों को प्रबन्धक को नहीं इस्तेमाल करना चाहिए।

परिस्थितियाँ समान होते हुए भी, कभी-कभी अलग-अलग प्रबन्धक के अलग-अलग निर्णय होते हैं। क्योंकि हमारा शिक्षण, हमारी संस्कृति, हमारा दर्जा, सम्मिलन की भावना (Sense of involvement) आदि बातों का भी हमारे निर्णयों पर असर होता है।

वैसे सभी निर्णयों के लिए उनके पीछे कोई समस्या होनी ही चाहिए, यह आवश्यक नहीं है। लेकिन जहाँ ऐसा है वहाँ हमें दो बातें करनी होती हैं :

1. समस्या का विश्लेषण (Analysis) और, फिर
2. निर्णय लेना (Decision-making)

एक अच्छा प्रबन्धक अपनी कल्पना और अपने अनुभव से समस्याओं को भाँप सकता है। (He can anticipate the problems) प्रभावशाली निर्णय के बारे में यह कहा जाता है–"The effective decision is based on the highest level of conceptual understanding, but the action to carry it out should be as close as possible to the working level and as simple as possible." यानी उच्चस्तरीय वैचारिक समझदारी के आधार पर ही प्रभावशाली निर्णय लिये जाते हैं। लेकिन उस निर्णय को अमल में लाने की जो क्रिया होती है वह ज्यादा से ज्यादा प्रत्यक्ष कार्यस्तर (working level) के नजदीक होती है, और ज्यादा से ज्यादा सरल भी होती है। ऐसा इसलिए होना चाहिए कि अन्त में निर्णयों को प्रत्यक्ष रूप से अमल में लाने का काम हमारे अधीनस्थों को ही करना होता है।

निर्णय लेते वक्त यदि हम नीचे बताई गई प्रक्रिया अपनाएँ तो अच्छा है।

1. पहले हम देख लें कि, जिस किसी समस्या पर निर्णय लेना है, वह सामान्य (Generic) है या अपवाद के रूप में है। यदि

सामान्य है, तो उसके लिए सभी को लागू होनेवाले नियम आदि की जरूरत होती है।

2. फिर यह देख लें, कि हम जो निर्णय ले रहे हैं, उसके सही उद्दिष्ट क्या हैं। दूसरे शब्दों में कौन-सी शर्तें पूरी होने पर ही हम अपने उद्दिष्ट तक उस निर्णय के द्वारा पहुँच सकते हैं। हर निर्णय का कोई विशिष्ट उद्देश्य (Specific objective) होता है। और उसे सफल करने के लिए उसकी कुछ बुनियादी शर्तें होती हैं। यदि ये बुनियादी शर्तें (यानी minimum goals & conditions) निर्णय अमल में लाते वक्त पूरी न होती है, तो वह निर्णय ही गलत है।
3. निर्णय लेते वक्त, हमें यह भी देखना है कि सही क्या है और हमारे अधीनस्थों को मान्य क्या है। मानव प्रबन्धन (Human Management) में शत-प्रतिशत गणितीय हल नहीं मिल सकते। और इसलिए कई बार प्रबन्धक को समझौता (compromise) भी करना पड़ता है। लेकिन यदि प्रबन्धक को ये ही मालूम न हो, कि सिद्धान्त रूप से (Theoretically) सही निर्णय क्या हो सकता है, तो डर है, वह गलत समझौता कर बैठे। जैसे कि एक रोटी से आधी रोटी अच्छी, ऐसा समझौता किया जाए, तो कोई गलत नहीं है। लेकिन एक बच्चा नहीं हो तो आधा बच्चा ही ठीक है, यह समझौता निश्चय ही गलत है।

यह तो हुई किस तरह से निर्णय पर आ जाएँ उस बात की प्रक्रिया पर। लेकिन सबसे मुश्किल बात तो अब आती है। यानी निर्णय को अमल में लाना, और यह बहुत समय खा जानेवाली (Time consuming) बात है। इसलिए प्रबन्धक को देखना है, कि उसने जो निर्णय लिया है उसके बारे में उसके संगठन में–

एक : किन-किन को जानकारी होनी चाहिए।

दो : क्या कार्रवाई (Action) करनी चाहिए।

तीन : किसे वह कार्य करने हैं?

अच्छे प्रबन्धक के पास इस बात की जानकारी होनी चाहिए कि उसके लिये गए निर्णय के ऊपर कहाँ तक सही अमल हो रहा है। वह (Feedback) के द्वारा सतत यह जाँच कर सकता है कि अपने उद्दिष्ट के प्रति काम हो रहा है या नहीं। जहाँ-जहाँ मुमकिन हो, वहाँ तत्काल सूचना व्यवस्था का प्रबन्ध करें या प्रत्यक्ष स्थल पर जाकर उचित जानकारी यानी On the spot information हासिल करें तो ज्यादा अच्छा है।

उत्पादक कार्य (Productive Work)

हरेक प्रबन्धक को अपने अधीनस्थों के द्वारा काम करवाना पड़ता है और इसलिए यह जरूरी है कि, उसे यह भी पता हो कि उसके लिए और उसके अधीनस्थों के लिए, उत्पादक कार्य (Productive Work) क्या हो सकता है।

किसी भी संगठन में हरेक को, चाहे वह प्रबन्धक हो या कर्मचारी हो, कुछ-न-कुछ विशिष्ट काम में योगदान (contribution) करना पड़ता है। प्रायः यह देखा जाता है कि सच्चा उत्पादक कार्य बहुत कम लोग करते हैं। समझ लें कि 80% प्रतिशत काम की जिम्मेदारी 20% स्टाफ के ऊपर ही निर्भर होती है। बाकी तो घड़ी के अनुसार आते और जाते हैं।

किसी दफ्तर में काम करनेवाले एक लिपिक के बारे में एक कहानी है (जिसके बारे में इस पुस्तक में अन्यत्र भी मैंने जिक्र किया है) जिसमें उसे पूछा जाता है कि "तुम काम क्यों नहीं करते?" तो वह लिपिक उल्टा सवाल पूछता है, "काम करने से क्या होगा?"—तो उसे बताते हैं कि "काम करने से तरक्की होगी। तरक्की से ज्यादा तनख्वाह मिलेगी। पदोन्नति होगी और पेन्शन भी बढ़ेगी और तुम चाहो तो अपनी मर्जी से, ज्यादा पैसा कमा कर जल्दी भी सेवानिवृत्त हो सकते हो।"

वह कर्मचारी पूछता है कि "इस तरह से रिटायर होने से क्या लाभ होगा?" तो उसे बताते हैं कि "तुम आराम की जिन्दगी बिता सकते हो!" यह सुनकर कर्मचारी हँसकर उत्तर देता है, "बस इतनी सी बात! वह आराम की जिन्दगी तो मैं आज भी बिता रहा हूँ।"

उत्पादक कार्य कई बार इसलिए भी नहीं हो पाता है कि हम अपने-आपको ऐसे माहौल में पाते हैं, जहाँ "काम ही पूजा है" यह तत्व न होकर जहाँ "पूजा ही काम है" का सूत्र चलता है, यानी Work is Worship के बदले Worship is Work!

इन बातों से स्पष्ट है कि, हम कितना समय ऑफिस में गुजारते हैं या कितनी फाइलें या पत्र-व्यवहार हमारे पास आते हैं, इससे किसी भी कर्मचारी का योगदान (contribution) नहीं नापा जा सकता। उत्पादक कार्य के लिए हमारे सामने सिर्फ कर्तव्य (Duties) न होकर, स्पष्ट ध्येय (objectives) होने चाहिए और इन ध्येयों को ध्यान में रखते हुए, हर एक प्रबन्धक को अपना काम करना चाहिए और अपने अधीनस्थों से काम करवाना चाहिए। इस तरह की पद्धति में चाहे हम एक घण्टा कम या ज्यादा काम करें, इससे कोई फर्क नहीं पड़ता।

एक ही काम करते वक्त, हर कर्मचारी की धारणा का उसके व्यक्तित्व से क्या सम्बन्ध है, इसका दर्शन इस निम्न कहानी से होता है। (कृपया इस कहानी पर और लोट्स-ईटर्स पर जो लेख इस पुस्तक में हैं, वह देखें।) पत्थर फोड़नेवाले तीन कारीगरों की यह कहानी है। उन्हें एक ही सवाल पूछा जाता है कि "यह काम आप क्यों कर रहे हो?" पहला कारीगर कहता है कि "मैं अपनी रोजी-रोटी के लिए दिनभर पत्थर काटता हूँ।" दूसरा अभिमान के साथ कहता है कि "मैं इस पूरे ग्रुप में सबसे ज्यादा पत्थर काटनेवाला हूँ।" और तीसरा जवाब देता है, "हम एक मन्दिर बना रहे हैं।" तीसरा कारीगर ही अपने काम का अन्तिम लक्ष्य जानता है और वह सबसे ज्यादा प्रेरित है।

इस कहानी का यह तथ्य है कि हमारे काम को उत्पादक बनाने के साथ उसे अर्थपूर्ण (meaningful) बनाना और फिर उसमें से सच्चा सन्तोष पाना, यह बहुत महत्त्व की बात है और यह तभी मुमकिन है, जब कर्मचारी प्रेरित (motivated) हो। क्योंकि उसका अपने काम के प्रति देखने का ढंग ही अलग होता है। अपने काम का पूरे संगठन के साथ क्या रिश्ता है, क्या प्रभाव है, यह वह अच्छी तरह से जानता है और उसी दिशा में प्रयत्नशील रहता है।

काम को अर्थपूर्ण बनाना इसलिए भी आवश्यक है कि हमारी रोजाना जिन्दगी का करीब एक तिहाई हिस्सा, हम अपने काम की जगह पर ही बिताते हैं। तो क्यों न उस जगह से जाते वक्त, सन्तुष्ट होकर जाया करें? दूसरी बात, अपने स्थान पर उचित ध्येयों को दृष्टिगत रखकर जब हम उसे प्राप्त करते हैं तो ध्येय तुष्टि के साथ ही अपनी कार्यकुशलता के प्रति गर्व महसूस होता है, जो हर एक बुद्धिमान मनुष्य को एक अनोखा आनन्द देता है जिसे अंग्रेजी में Job-Satisfaction कहा जाता है।

सन्देश वहन (Communication)

कोई भी संगठित काम सुचारू रूप से होने के लिए, प्रभावी सन्देश वहन (Effective Communication) आवश्यक होता है। यदि सन्देश वहन बराबर नहीं है तो गलतफहमियाँ और अफवाहों का सृजन होता है और संगठन का जो उद्‌देश्य होता है, उसे प्राप्त करने में बाधाएँ आती हैं।

एक प्रबन्धक के नाते हमें अपने वरिष्ठों के साथ और उसी प्रकार अपने अधीनस्थों के साथ तथा सहकर्मचारियों के साथ सम्पर्क रखना होता है, जिसके लिए प्रभावी सन्देश वहन एक ही साधन है।

सन्देश वहन प्रभावकारी बनाने के सम्बन्ध में हमें कुछ बातें खास करके ध्यान में रखनी आवश्यक हैं।

1. सन्देश वहन द्वि-मार्गी साधन है, जिसके द्वारा संवाददाता (communicator) अपनी बात कहता है और संवाद-प्राप्तकर्ता उसे पाता है। स्पष्ट है कि, सन्देश वहन में दो पार्टियाँ होती हैं। एक सन्देश भेजनेवाला या सन्देशदाता और दूसरा पानेवाला या सन्देश-प्राप्तकर्ता। भेजनेवाला या पानेवाला एक व्यक्ति या एक समूह भी हो सकता है।
2. सन्देश वहन तभी सफल या प्रभावी कहा जा सकता है, जब पानेवाले ने 'सन्देश' उसी अर्थ में समझ लिया है जैसा भेजनेवाले ने चाहा था या माना था।

लेकिन यह बात इतनी आसान नहीं जितनी कि हम सोचते हैं। समझिए, आप एक पर्यवेक्षक हैं और आपके अधीन कई कर्मचारी हैं। सभी के शिक्षा का स्तर, अनुभव, संस्कृति की पार्श्वभूमि, सुनने की क्षमता, दृष्टिकोण आपके समान नहीं होंगे। उन कर्मचारियों में भी आपस में ये सब बातें समान या एक जैसी नहीं हो सकतीं। इसके कारण कुछ कर्मचारी आपका सन्देश जल्दी और सही ढंग से समझ पाएँगे और दूसरे कोई देरी से या बार-बार बताने के बाद ही समझ पाएँगे, या तो बिलकुल ही नहीं समझेंगे। मतलब सन्देश वहन में सफलता पाने में कई दिक्कतें आ सकती हैं। प्रभावी सन्देश वहन साध्य करने के लिए, सम्बन्धित दोनों पक्षों को चाहिए कि, वे ऐसी अपेक्षित दिक्कतें हटाने का प्रयास करें।

साधारण रूप से सन्देश वहन में उपस्थित होने वाली दिक्कतें/बाधाएँ निम्नानुसार होती हैं।

- भौतिक (Physical) : जैसे कि अन्तर, शोरगुल आदि।
- मानसिक (Psychological) : अगर भेजनेवाला या पानेवाला कोई भी सही मानसिक स्थिति में नहीं है, तो सम्पर्क सही तौर से स्थापित नहीं हो पाएगा। (इस तरह की बाधा के ऊपर एक अलग अध्याय 'श्रवण-भक्ति' इस पुस्तक में है।)

– भाषा (Language) : जो भी भाषा उपयोग में लाई जाएगी, यह जरूरी है कि वह दोनों पक्ष जानते हैं। भाषा के बारे में हमें यह भी ध्यान में लेना आवश्यक है कि एक ही या समान शब्द के अलग-अलग भाषा में अलग-अलग अर्थ होते हैं। उसी तरह एक ही शब्द भिन्न अभिव्यक्ति के साथ या अलग-अलग तरीके से बोला जाए, तो उसका अर्थ भी अलग हो सकता है।

सन्देश वहन की पद्धति या तरीका

– सन्देश वहन के लिए हम कई तरीके अपना सकते हैं। जैसे कि...प्रत्यक्ष बातचीत, लिखित सन्देश, कृति आदि। पानेवाले की दिक्कत समझे बगैर अगर कोई भी तरीका अपनाया जाता है तो शायद वह गलत होने की सम्भावना है जिससे सन्देश वहन में बाधा आ सकती है। उदाहरणार्थ अगर किसी अन्धे आदमी से सन्देश वहन करना है तो मौखिक या उसकी भाषा में लिखित तरीका ठीक रहेगा। लेकिन निशान या कृति संभाषण बिलकुल ही असफल साबित होगा। तो यह स्पष्ट है कि उचित तरीके अपनाने से सन्देश वहन सफल हो सकता है।

– सन्देश वहन में शामिल व्यक्तियों को चाहिए कि वे सन्देश पाते समय अपनी पूर्व धारणाएँ तथा मन में बसी पूर्वकल्पनाएँ दूर रखकर, सहिष्णुता से सन्देश का प्रेषण या ग्रहण करें।

– सन्देश की लम्बाई (Length) : यह भी सफल सन्देश वहन में, महत्त्वपूर्ण रूप में देने के लिए आवश्यक है। न उससे कम, न ज्यादा।

– प्रबन्धक हमेशा सिर्फ सन्देश भेजनेवाला नहीं होता। उसको दूसरों के सन्देश प्राप्त करने होते हैं। जैसे कि जब कर्मचारी

अपनी तकलीफें सामने रखते हैं; या सुझाव सामने रखते हैं या व्यक्तिगत या संगठित उसी तरह जब जनसामान्य (member of public) शिकायतें ले आते हैं, तो वे भी प्रबन्धक के साथ सन्देश वहन करते हैं। वैसे ही वरिष्ठ अधिकारी से प्राप्त आदेश या सुझाव और सूचनाएँ प्रबन्धक के लिए एक सन्देश ही हैं।

– सन्देश भेजनेवाले (चाहे वह प्रत्यक्ष सन्देश हो या अप्रत्यक्ष) कई तरह के होते हैं। कुछ व्यक्ति अपनी समस्या/सुझाव सीधे न बताते हुए बहुत लम्बी-चौड़ी बातों में प्रस्तुत करते हैं। कुछ व्यक्ति अपनी समस्या के साथ उस समस्या के लिए खुद को प्रिय ऐसा हल भी साथ में लाते हैं। कुछ को अपनी असली समस्या क्या है, यह भी स्पष्ट रूप से मालूम नहीं होता। इसलिए बड़ी सावधानी से और कुशलता से ऐसे व्यक्तियों को आपको सुनना है। और पूरा सत्य क्या है यह भी जानना है ताकि आप सही ढंग से समस्या निवारण कर सकें। बोलनेवाला सिर्फ फैक्ट्स (Facts) यानी प्रत्यक्ष घटनाएँ या स्थिति ही नहीं बतलाता। उसके साथ-साथ अपना दृष्टिकोण और अपने व्यक्तित्व की कुछ बातें भी वह दिखलाता है। हमें उनका विश्लेषण करना चाहिए। इसलिए शान्ति से सुनना जरूरी है। महत्त्वपूर्ण बात यह है कि चाहे आप उसका समाधान कर सकें या न कर सकें उसे इतना जरूर महसूस होना चाहिए कि आपने शान्ति से, निष्पक्षता से, उसे सुना है। जाहिर है कि प्रभावी सन्देश वहन के लिए सही ढंग से सुनना (Effective Listening) भी बहुत जरूरी होता है। (इस विषय पर मजेदार कहानी इस पुस्तक में अन्यत्र है ही।)

– ऊपर बताई गई बाधाएँ सन्देश भेजनेवाला और सन्देश पानेवाला दोनों को महसूस हो सकती हैं इसलिए यह आवश्यक

है कि एक सन्देश भेजनेवाले के नाते हम जो त्रुटियाँ/बाधाएँ दूसरों से पाते हैं, वे सन्देश प्राप्तकर्ता के नाते खुद में नहीं होनी चाहिए।

– सफल सन्देश वहन के लिए सन्देश प्रेषक तथा सन्देश ग्राहक दोनों ही को विशिष्ट बातें खास करके ध्यान में रखना आवश्यक है।

सन्देश प्रेषक

1. सन्देश को अपने मन में स्पष्ट रूप दीजिए।
2. सन्देश का प्रेषण स्पष्ट/असंदिग्ध भाषा में कीजिए।
3. सन्देश प्राप्तकर्ता की कठिनाइयाँ/बाधाएँ जानकर सन्देश प्रेषण का तरीका अपनाइए ताकि सन्देश वहन सफल हो पाए।
4. सन्देश वहन ठीक हो रहा है या नहीं, यह समय-समय पर जानने की कोशिश करें।

सन्देश प्राप्तकर्ता

1. शान्ति से तथा विधायक भाव से सन्देश सुनिए।
2. सन्देश प्रेषक की ओर पूरा ध्यान दीजिए।
3. अरोचक या खुद को नापसन्द ऐसी कल्पनाओं को सहिष्णु भाव से सुनिए।
4. सन्देश प्रेषक को सुनने में रुचि दर्शाइए।
5. कुछ स्पष्टीकरण या दोहराना आवश्यक हो तो सन्देश प्रेषक से स्पष्ट कर लें और इसी तरह समय-समय पर सन्देश सही अर्थ में पाया जा रहा है या नहीं, यह जान लीजिए।

सारांश यह है कि प्रभावकारी सन्देश वहन (Effective Communication) सन्देश भेजनेवाला और सन्देश पानेवाला इन दोनों के

ऊपर निर्भर रहता है और दोनों का उसमें सहयोग होना चाहिए। अन्ततोगत्वा आपको सन्देश वहन के बाद किस तरह की प्रतिक्रिया (Feedback) आ रही है, उसी से आप जान सकते हैं कि आपका सन्देश वहन प्रभावकारी रहा या नहीं।

प्रेरणा (Motivation)

प्रबन्ध विज्ञान में यह शब्द बार-बार आता है कि एक प्रबन्धक को अपने अधीनस्थों का नेतृत्व करना चाहिए और उन्हें प्रेरित (motivate) करना चाहिए। यह नेतृत्व (Leadership) और प्रेरणा (motivation) क्या है, उसके बारे में कुछ बातें यहाँ हम बता रहे हैं।

जैसा कि हम पहले बता चुके हैं सिर्फ "carrot and stick policy" से आजकल काम नहीं चलता है। जब तक अपना काम अच्छा करने के लिए किसी में स्वयं प्रेरणा न हो, तब तक कितनी भी जबरदस्ती करने पर, अच्छा काम नहीं होता है। यह सत्य है कि संगठन में अच्छा काम हो, इसलिए अच्छे माहौल की भी आवश्यकता होती है। ऑफिस का मकान बड़ा और साफ-सुथरा होना, कमरों में अच्छी हवा और रोशनाई होना, अच्छा फर्नीचर रहना, आवश्यक फॉर्म (Forms) आदि सामग्री होना–ये सब बातें माहौल में ही आती हैं। उसी प्रकार कर्मचारियों को समझदार प्रबन्धक मिलना, अच्छा वेतन (salary) होना, सेवा में पदोन्नति के (promotion) या तरक्की के अवसर हों आदि बातें भी अच्छी परिस्थितियाँ निर्माण करती हैं। लेकिन ये सब होने के बावजूद कोई निश्चितता (Guarantee) नहीं होती कि उस संगठन में काम करनेवाला हर एक व्यक्ति प्रेरित (motivated) ही हो। प्रेरणा तो ऐसी बात है, जो खुद में होनी चाहिए और वह तभी होती है, जब कर्मचारी अपने खुद के योगदान का उसके अपने लिए और पूरे संगठन के लिए क्या महत्त्व है यह जान लेता है। दूसरे शब्दों में जब तक हम लोग अपने संगठन को एक बड़े

परिवार की तरह—जिसमें हर एक व्यक्ति/सदस्य (member) का कुछ-न-कुछ योगदान होता है—नहीं देखते, तब तक प्रेरणा नाम की चीज नहीं दिखाई देती। अच्छा मकान, फर्नीचर, अच्छी तनख्वाह आदि बातें जो ऊपर बताई हैं, वे तो सिर्फ हम किस परिस्थिति में काम करते हैं वही बताते हैं। लेकिन हम खुद क्या हैं यह जानना है तो हम कहाँ तक प्रेरित (motivated) हैं यह देखना होगा। एक प्रबन्धक सिर्फ अच्छी परिस्थितियाँ निर्माण कर सकता है, जैसे कि मुक्त सन्देश वहन की सुविधा (Line of communication open) रखना, कर्मचारियों को सब मूलतः आवश्यक सुविधा (Basic facilities) उपलब्ध करना, उनके कल्याण (Welfare) को देखना, उन्हें आगे बढ़ाने के लिए मौका देना और उनके अच्छे काम की तारीफ करना आदि-आदि। वह उनके सामने खुद के बर्ताव और अपने खुद के काम से एक अच्छा नमूना (model) भी रख सकता है। लेकिन एक प्रेरित कर्मचारी के लिए इससे भी कुछ और चीजें होनी चाहिए। और वह है, स्वयं प्रेरणा! यानी self motivation!

प्रबन्धन के विज्ञान में एक सिद्धान्त (Theory) है, जिसे 'एक्स और वाई थ्योरी' कहते हैं। (इस विषय पर पहले ही अध्याय 'क्या आप मिस्टर एक्स हैं?' में हम पढ़ चुके हैं। अब यहाँ उसकी Revision मात्र है, ताकि हम इसको भूल न जाएँ) जो लोग एक्स (X) वर्ग के होते हैं, वे सिर्फ तनख्वाह के लिए ही काम करते हैं। वे सृजनात्मक (creative) नहीं होते हैं और उनको अपने संगठन के साथ कोई सम्मिलन की भावना (sense of involvement) या लगाव नहीं होता। और वाई वर्ग (Y category) के लोग इससे बिलकुल विपरीत होते हैं और उन्हें हम 'प्रेरित' (motivated) कह सकते हैं।

लेकिन सच तो यह है कि ये दोनों कोई 'वाटर टाइट कम्पार्टमेन्ट्स' नहीं हैं। एक्स वर्ग का आदमी, वाई वर्ग का आदमी बन सकता है। और वाई वर्ग का आदमी गलत रास्ते पर जाकर 'एक्स' बन सकता है। यदि आप एक भाग्यशाली प्रबन्धक हैं, तो आप अपने संगठन में से कुछ

कर्मचारियों को 'एक्स' से 'वाई' में बदल सकते हैं। लेकिन हम एक बात, इस मामले में जरूर अपने ध्यान में रखें और वह यह है कि हम खुद कौन से वर्ग के हैं–एक्स या वाई? ज़ाहिर है कि यदि हम खुद प्रेरित नहीं हैं तो हम दूसरों को क्या प्रेरित कर सकेंगे?

ऊपर बताए गए 'एक्स और वाई सिद्धान्त' का हमारे प्रशासनिक ढंग से भी बहुत करीब का नाता है। एक अच्छे प्रबन्धक के नाते हमें अपने अप्रेरित (Non-motivated) कर्मचारियों को प्रेरित करने की जरूर कोशिश करनी चाहिए। सारांश में प्रेरित लोगों के लिए सहभागितापूर्ण प्रबन्धन (participating management) ज्यादा अच्छा रहता है और दूसरों के लिए सत्तावादी व्यवस्था (Autocratic management) अपनानी चाहिए। दूसरे शब्दों में हमें किन लोगों का, किस तरह से नेतृत्व करना है, यह परिस्थिति के अनुसार भिन्न-भिन्न हो सकता है।

संघर्ष का हल (Conflict Resolution)

प्रबन्धन के तीन मूलगामी/बुनियादी विचार (concepts) बताते वक्त, हमने यह कहा था कि, विश्वास (Trust) एक बहुत महत्त्वपूर्ण चीज़ है। और जब कामकाजी जीवन में हम कोई संघर्ष महसूस करते हैं, उस वक्त भी यह चीज़ बड़ी काम में आती है। प्रशासन में या प्रबन्धन में बिलकुल शून्य संघर्ष (Zero Conflict) हो, ऐसा तो कभी हो ही नहीं सकता। एक प्रबन्धक के नाते, हम जो नीति (Policy) निर्धारित करते हैं, आदेश देते हैं वे हमारे सभी कर्मचारियों को मान्य होते ही हैं, ऐसा नहीं है। उनका विरोध कभी मृदु (mild) तो कभी उग्र रूप भी धारण करता है। और विरोध से संघर्ष (conflict) शुरू होता है। लेकिन एक प्रबन्धक के नाते, एक अपने अधीनस्थों का नेतृत्व करनेवाले व्यक्ति के नाते, इस संघर्ष को सुलझाना हमारा कर्तव्य होता है। संघर्ष का कारण कुछ भी हो, लेकिन प्रबन्धक और उसके अधीनस्थों में आपसी विश्वास का वातावरण हो तो

दोनों एक-दूसरे के दृष्टिकोण (viewpoint) को सही नजर से देखते हैं। (आपने अध्याय 16–'कहानी छः हैट्स की'–तो पढ़ा ही होगा, है ना?) कर्मचारी विरोध तब ज्यादा करते हैं जब अपने प्रबन्धक पर जो यह परिवर्तन (change) ला रहे हैं, उनका विश्वास नहीं होता है। यानी कि संघर्ष सिर्फ वास्तविक (substantive) न होकर भावात्मक (emotional) बन जाता है। विश्वास का वातावरण संघर्ष का पूरा रुख ही बदल देता है। दोनों की समस्या सुलझाने के प्रति ही शक्ति (energy) खर्च होती है, न कि यह देखने के लिए कि कौन जीता और कौन हारा।

एक अच्छे प्रबन्धक के नाते हमें :

1. दूसरों के दृष्टिकोण (viewpoints) सुनने की तैयारी दिखानी चाहिए।
2. तथा दूसरों के दृष्टिकोण समझने की इच्छा और कोशिश होनी चाहिए।
3. हमें यह ध्यान में रखना है कि संगठन के हित में यही है कि आपसी मतभेद हम अपने अधीनस्थों के साथ प्रत्यक्ष ही मिटा लें, और कोई तीसरी पार्टी उसमें दखल न दें।

फिर हर एक संघर्ष बुरा ही होता है, ऐसी भी बात नहीं है। कभी-कभी इसके परिणाम अच्छे भी होते हैं और अभिनव परिवर्तन (Innovation) आ जाते हैं। अर्थात् ऐसे परिवर्तन अपने आप निसर्गतः (Natural course) या खोज (Research) द्वारा आते हैं, तो बहुत अच्छा है। लेकिन एक बात जरूर है कि अभिनव परिवर्तन (Innovation) ये दोनों अटल हैं। सवाल सिर्फ इतना है कि यह 'परिवर्तन का विरोध' कम से कम कटु (Bitter) कैसे किया जाए?

इसके लिए हमें कोई भी नई चीज दाखिल करते वक्त सभी सम्बन्धितों की सहभागिता होनी चाहिए। इसके दो फायदे हैं :

1. हर एक कर्मचारी चाहता है उसकी खुद की बौद्धिक प्रगति हो और उसकी बुद्धि का फायदा संगठन भी उठाए। सहभागिता

से उसे अपने विचार स्वतन्त्र रूप से व्यक्त करने का मौका मिलता है।

2. कइयों में नई बात के बारे में कुछ शंकाएँ होती हैं। सहभागिता में वे ये शंकाएँ व्यक्त करते हैं। और जब उनका समाधान हो जाता है, तो परिवर्तन का विरोध अपने आप कम हो जाता है।

लेकिन एक बार विचार-विमर्श (Discussion) हो जाने के बाद, जब अमल का सवाल (Implementation) आता है तब एक प्रबन्धक को सभी से अनुशासित (Disciplined) बर्ताव अपेक्षित करना चाहिए। और इस वक्त कोई हानिकारक बर्ताव (Mischief) करता है, तो उसके साथ कड़ा व्यवहार अपनाना चाहिए।

संघर्ष का हल करने का एक और तरीका यह है कि प्रबन्धक अपने अधीनस्थों के दो स्पष्ट समूह बना लें। एक को प्रचलित प्रणाली में काम करने दें, दूसरों को कहें कि आप प्रस्तावित प्रणाली से काम करके देखें और दोनों पद्धतियों के नतीजे का तुलनामक, निष्पक्ष रूप से अभ्यास करके आखिरी निर्णय लिया जा सकता है। इन दोनों समूहों को यह स्पष्ट कर देना चाहिए कि इसमें किसी के हारने-जीतने की बात न होकर समस्या को सुलझाना यही मुख्य उद्देश्य है।

प्रबन्धन करते वक्त ''मर्फी का कायदा'' (Murphy's Law) नामक कुछ तत्व हैं। इन्हें भूलना नहीं चाहिए। 'मर्फी की बर्फी' शीर्षक का अध्याय इस पुस्तक में है ही। यहाँ, बस एक quick revision है जो इस प्रकार है :

1. कोई भी कार्य उतना आसान नहीं है जितना दिखाई देता है। (Nothing is as simple as it looks.)
2. किसी भी कार्य में अपेक्षा से ज्यादा समय व्यतीत होता है। (Everything takes longer than it should.)
3. कितनी भी सावधानी रखो फिर भी कुछ गलती होनी है तो जरूर होती है। (If anything is to go wrong, it will.)

अच्छा प्रबन्धक किसी भी संघर्ष को सुलझाते वक्त इन तत्वों को अपनी दृष्टि के सामने रखता है।

समय प्रबन्ध (Time Management)

प्रबन्धन के लिए कई साधन लगते हैं–जैसे कि पैसा, सामान, श्रम, तकनीकी ज्ञान आदि। उसी प्रकार समय भी एक प्रबन्धन का साधन है। लेकिन इस साधन की कुछ खास विशिष्टताएँ हैं जिन्हें हमें ध्यान में रखना चाहिए।

1. यह एक ऐसा साधन है जिसे हम न खरीद सकते हैं, न किराए पर दे सकते हैं, न बेच सकते हैं, न उधार दे सकते हैं।
2. इसका जो सप्लाई होता है, वह बहुत अलचीला (Inelastic) होता है। नाशवंत (Perishable) होता है और इसे हम माल-सामग्री की तरह संग्रहित (Store) नहीं कर सकते।
3. इसके लिए कोई वैकल्पिक साधन नहीं है।

उदाहरणार्थ किसी फैक्टरी में यदि ताँबा (Copper) लगता हो, और वह उपलब्ध नहीं हो, तो उसकी जगह, प्रबन्धक दूसरी कोई चीज जैसे एल्युमिनीयम इस्तेमाल कर सकता है। लेकिन समय के लिए ऐसा कोई विकल्प नहीं है।

हमें समय की कितनी सजगता (consciousness) है यह यदि देखना है तो हम कुछ प्रयोग (experiment) कर देख सकते हैं। जैसे कि यदि कोई प्रबन्धक वह दिनभर में ऑफिस में क्या करता है इसकी विस्तृत डायरी रखे तो उसे पता चल सकता है कि कितना समय उसका बहुत ही नैत्य (routine) बातों में, या गपशप करने में जाता है, अनावश्यक मीटिंग में जाता है और कितना समय वह सच्चे रूप में उत्पादक (productive) काम के लिए लगाता है।

एक आदमी को वक्त बतानेवाले कोई भी परोक्ष (Direct) या अपरोक्ष (Indirect) साधन की सहायता न देकर, यदि एक बन्द कमरे में

रखा जाए, तो कुछ दिनों बाद, वह यह नहीं बता सकेगा कि एक विशिष्ट समय दिन है या रात है, सोमवार है या मंगलवार है। इससे जाहिर होता है कि हमें अपने समय को बहुत हिफाजत से रखना है; और अपने समय का सही विश्लेषण करने से हम अपने काम का भी सही विश्लेषण कर सकते हैं। यह बात तो जाहिर है कि समय का गलत उपयोग उत्पादक कार्य (Productivity) के ऊपर बुरा असर डालता है।

कुछ निम्नलिखित बातों पर यदि हम ध्यान दें तो काफी अच्छे नतीजे निकल सकते हैं :

1. हमें खुद से पूछना चाहिए कि क्या जो भी कुछ मैं अपने काम के वक्त कर रहा हूँ, मुझे खुद को करना जरूरी है, या एक प्रबन्धक के नाते मैं इनमें से कुछ बातें अपने अधीनस्थों को आसानी से सौंप सकता हूँ?
2. अपना और दूसरों का कितना समय मैं बिना कारण बैठक में या विचार-विमर्श में बरबाद कर रहा हूँ।
3. जानकारी इकट्ठा करने की जो मेरी पद्धति है क्या वह सही है या उसमें सुधार करके, मैं कम से कम समय में सभी उपयुक्त जानकारी हासिल करने की, या संग्रहीत (Store) करने की, और सही वक्त पर उसका इस्तेमाल करने की कोई बेहतरीन पद्धति बना सकता हूँ, जिससे कि बार-बार उसी विषय पर मेरे अधीनस्थों से मुझे अहवाल (Reports) आदि न लेना पड़े, और उनके और मेरे दोनों के समय की बहुमूल्य बचत हो। मतलब यह है कि, यदि संगठन में सही तन्त्र का अभाव (Lack of system) हो तो भी समय की काफी बरबादी होती है।
4. सभी महत्त्वपूर्ण कार्यों के लिए उनका अपना कुछ न्यूनतम (Minimum) समय होता है–जैसे निवेदन (Report) लिखना, प्लान (Plan) बनाना आदि। यदि हम उन पर न्यूनतम समय

से भी कम समय लगाएँ, तो भी समय की बरबादी ही होती है। क्योंकि आधा-अधूरा छोड़ा हुआ काम यदि दूसरे दिन फिर हमारे टेबल पर आता है तो फिर से वही कागज दुबारा पढ़ने आदि में काफी समय दुबारा लगता है और बरबाद होता है।

5. जिस किसी संगठन में जरूरत से ज्यादा स्टाफ (Over staffing) होता है और बहुत ज्यादा पर्यवेक्षक आदि होते हैं जो अपने स्तर (Level) पर उसी काम को बार-बार देखते हैं, तो ऐसी स्थिति में भी समय की बरबादी होती है। यह लोग एक-दूसरे के सहायक न बनकर एक-दूसरे के रास्ते में आ जाते हैं।

इस सन्दर्भ में एक बात हम और ध्यान में रखें। अंग्रेजी में जो शब्द 'रूटीन' (Routine) है उसको हम ज्यादा करके गलत अर्थ में ही लेते हैं। सच देखा जाए तो एक अच्छा प्रबन्धक अन्ततोगत्वा हर कार्य को रूटीन का ही स्वरूप देता है ताकि उसकी अपनी अनुपस्थिति में भी उसके अधीनस्थ कर्मचारी वह काम उतने ही अच्छे ढंग से (Systematically) कर सकें। दूसरे शब्दों में रूटीन का मतलब है–

"That which an unskilled man without judgement can do, what a genius did earlier."

उपसंहार (Summary)

जैसा कि हम पहले अध्याय में बता चुके हैं, एक सुपरवाइजर खुद कोई क्रियात्मक (Operative) काम नहीं करता है। उसको अपने अधीनस्थों के द्वारा ही काम करवा लेना पड़ता है। इसलिए उसको जरूरी है कि मानवीय सम्बन्ध (Human Relationship) के बारे में अच्छा ज्ञान हो।

यहाँ हम एक सूची दे रहे हैं, इसमें की गई बातें पहले ही इस पुस्तक

में आई हैं। यह सूची एक तरह से उन सभी बातों का सारांश है।

1. यदि कोई बात गुप्त (Confidential) रखनी है, तो उसे गुप्त ही रखिए।
2. जिस व्यक्ति को अपने काम का प्रभारी (Incharge) बनाया है, उसे टालते हुए सीधा उसके अधीनस्थों को आदेश मत दीजिए।
3. यदि आप कोई बदलाव लाना चाहते हैं, तो धैर्य (Patience) से या धीरज से काम लीजिए।
4. अपने अधीनस्थों के कल्याण (Welfare) के बारे में दिल से पूछताछ करते रहिए।
5. हर एक व्यक्ति को उसकी जिम्मेवारी (Responsibility) स्पष्ट रूप से बताइए।
6. पूरा तथ्य (Facts) मालूम होने से पहले किसी को दोष न दीजिए या जल्दबाजी में कोई निर्णय न लीजिए।
7. आपका चलना, बोलना तथा आपका काम आदि सब बातें आपके अधीनस्थ ध्यानपूर्वक (Closely) देखते हैं। इसलिए उनके सामने एक आदर्श व्यवहार रखिए।
8. हमारी अपनी-अपनी रुचि से पसन्दगी और नापसन्दगियाँ (Likes & Dislikes) रहती हैं। फिर भी उससे हटकर निष्पक्षता से काम लेना चाहिए।
9. यदि अपनी गलती हो तो उसे मान लें, उससे लोग आपका ज्यादा आदर करेंगे।
10. अधीनस्थ किस परिस्थिति में काम कर रहे हैं, उसकी प्रत्यक्ष जानकारी रखिए। यानी First hand information होनी चाहिए।
11. सन्देश वहन का रास्ता खुला रहे ताकि लोग अपने दिल की बातें बताकर, तनाव (Tension) से मुक्त हों। इसे अंग्रेजी में Communication channels open रखना कहते हैं।
12. छोटी समस्या बड़ी होने तक राह मत देखिए।

13. नियम और नियन्त्रण जरूरी है, लेकिन फीताशाही (Red tapism) में फँसे मत रहिए, नहीं तो आपकी सच्ची उत्पादकता (Productivity) नहीं दिखाई देगी।
14. हर एक आदमी आपकी बात एक बार बताने से ही समझेगा, ऐसा मत समझो, बार-बार बताना (Repetition) कई बार आवश्यक होता है।
15. अच्छे निर्णय (Decision) हमेशा अच्छे तत्वों (Principles) पर आधारित होते हैं। सिर्फ दूसरों को खुश करने के लिए गलत समझौता (Wrong Compromise) मत कीजिए।
16. यदि सुपरवाइजर खुद आलसी (Lazy) है और उसमें कर्तव्य की भावना (Sense of Duty) नहीं है तो उसके अधीनस्थ भी वैसे ही होंगे। इसलिए आप खुद प्रेरित (Motivated) हैं या नहीं हैं, यह देख लीजिए।

और आखिर में ये बातें

(i) प्रबन्धन सिर्फ ऑफिस में, कारखानों में ही नहीं होता, परिवार चलाने में भी प्रबन्धन के सब तत्व लगते हैं। सुकरात ने कहा था :

"Over whatever a man may preside, he will, if he knows what he needs, and is able to provide it, be a good president, whether he have the direction of a chorus, a family, a city or an army....

Do not, therefore, despise men skillful in managing a household; for the conduct of private affairs differs from that of public concerns, only in magnitude : in other respects they are similar; but what is most to be observed is that neither of them are managed without men; and that private matters are not managed by one species of man, and public matters by another....and those who know how to employ them, conduct either private or public affairs judiciously, while those who do not know, will err in the management of both.

(ii) आज के आधुनिक युग में कम्प्यूटरीकरण के कारण कई बदलाव आए हैं लेकिन वे ज्यादा करके Data Management, Paper less work, Global connectivity वगैरह के लिए काम आते हैं। Man-Management, यह एक कठिन काम है। कम्प्यूटर है इसका अर्थ ये नहीं की सब कुछ ए-वन हो गया है। श्रीमान एडवर्ड फॉस्टर सही कहते हैं–

"A computer will not make a good manager out of a bad manager. It makes a Good manager better faster, and a Bad manager worse faster!"

❒❒❒